JN203147

言いなりの人生は“いますぐ”やめなさい。

岡崎かつひろ

きずな出版

「自分の人生を大切にしたい」と
考えているすべての人へ。

「仕事には慣れてきたが、毎日が同じことの繰り返しでつまらない」
「まわりに振り回されてしまい、自分の理想が見えない」
「なんとなく自信がなく、新しい一歩が踏み出せない」

そんなあなたのために、この本を書きました。

Prologue

「言いなり人間」を卒業せよ！

「毎日、決められたことをやり、それなりの給料もあるので決して悪い人生ではない。だが、100％満足しているとは言い切れない」

もし、あなたがそんなふうに感じているとしたら、それは「言いなりの人生を生きているから」に、ほかなりません。

「悪くない」と「最高である」ということは別です。そして、いまの日本は〝悪くない人生〟を送るには、これほど素晴らしいところはないと断言できます。

仕事を選ばなければ、働くことには困らない。

食うだけなら、国の保護もあり生きていくことはできてしまう。

大してお金をかけなくても、それなりに面白いことがあふれている。

そして、子どもの頃から言われ続けてきている偉大な教え。

「欲張るのはやめなさい。ほどほどが一番だから」

大きな幸せなんて望むものではない。つつましくも小さな幸せに満足しなさい。

高望みして失敗したらどうするの？　失敗したら痛いからやめなさい。世間体が悪いから、迷惑をかけるから……と、望みすぎないように教えられてきました。

でも、あえて私はあなたに質問したい。


「本当に、それでいいのですか？」


来世があるのなら〝ほどほど〟の人生でもいいかもしれない。

でも私は残念ながら前世の記憶はなく、おそらく来世もないだろうと思っています。

そして、もし来世があったとしても、自分が自分として生きられるのは、この人生だけであることは間違いありません。

だからはっきりとお伝えします。

人生はたった一度しかない！

なぜ、自分の人生を１００％満足と言えないのでしょう？

その理由が〝言いなりの人生〟を生きていることなのです。

親の言いなりかもしれない。先輩や上司の言いなりかもしれない。世間体や常識の言いなりかもしれない。

もし言いなりの人生をやめられたら、どれほど面白い人生が待っているでしょう――。


あらためまして、岡崎かつひろです。

まず本書を手に取ってくださったことに、心から感謝申し上げます。

そして言いなりの人生をやめる第一歩を踏み出したことに、「おめでとうございます」とお伝えさせてください。

私の前著『自分を安売りするのは〝いますぐ〟やめなさい。』が、ありがたいことにベストセラーの仲間入りを果たしました。多くの方の応援はもちろんですが、一番は「自分を安売りしてしまっている」と感じ、共感してくれた読者が多かったからだと思います。

そして多くの方から、

「勇気をもらった」

「具体的にやるべきことがわかった」

「会社での評価が上がった」

など嬉しい声をいただき、いまも売れ続ける一冊となりました。

ただその一方で、

「この本を読んでも、やる気がでない」

「まわりの目が気になって実践できない」

「やってはみたが、なかなか継続できない」

という声もいただいています。

なぜこういった声が届くのか？　原因を分析した結果「あまりにも多くの人が、言いなりになっている」という結論にいたり、本書を執筆することにしました。

あなたが「言いなりの人生」を生きてはいけない、３つの理由があります。

それは、

①社会が変化を続け、言われたことしかできない「言いなり人間」は不要になること
②言いなりの人生では、自分を幸せにすることはできないこと
③社会の一員として、あなた自身が自分の人生の創り手でなければならないこと

こんな偉そうなことを言っていますが、もちろん私にも、これまでの人生で「言いなりだった」と感じることは多々あります。

中学生のときに、高校に行かずに就職したいと親に願い出たところ、

「世間体が悪いから高校に行きなさい」

と言われ、親の言いなりになりました（もちろん、親は私の幸せを願った善意で言ったのは間違いないですが）。

大学受験をするときは、

「進学校にいるからには、それなりに名前の通った大学に行かないとならない」

という、学友からの言葉に流されていました。

就職するときだって、

「世間体のいい大手企業に入ろう」

と、世間体や常識を優先していました。

だからもし、あなたが何かの言いなりになっていたとしても、それが悪いことだとはまったく思っていません。人生のある一定期間は、言いなりで生きる時期もあるのです。


ただ、あなたはいま、この本を手に取りました。

それは「言いなりの人生を卒業していいタイミング」だという証拠です。

あなたのための、あなただけの人生を生きる第一歩です。


さあ、一緒に言いなり卒業の一歩を踏み出していきましょう。

Chapter 2

自由に生きるために、何を選択するべきか

Chapter 3

心のメカニズムが、「言いなり」か「自由」かを判断する

Chapter 4

自分で主導権を握れ！

Chapter 5

言いなりの人生を卒業する

Last Chapter

言いなりをやめた象は、どうなったのか？

ブックデザイン　池上幸一

言いなりの人生は〝いますぐ〟やめなさい。

「できない」と思い込んでしまっている、とある象の物語

象はなぜ、あんなに細い鎖や杭で、そこにとどまっているのか知っているだろうか？
か弱い人間の言うことを、なぜ彼らは聞くのだろうか？
あれほどの大木をなぎ倒し、人間にはとても運べないものを軽々と運ぶ彼らが――。

そこにはしっかりとした「言い訳」がある。
これは、その「言い訳」にまつわる物語。

「今日もよく働いたな！」


お父さんは気持ちよさそうに言った。本当に清々しい顔をしている。

そして僕はそんなお父さんが好きで、目標で、尊敬していた。

僕たち象の世界は簡単だ。働かざるもの食うべからず。

人間たちはいつも僕らにそう言って聞かせている。僕も小さい頃から教えられてきた。


「真面目に働いて、言われたことをやりなさい」


そのおかげもあって、僕らはいつも幸せだ。

食事にも困らないし、家族は仲がいい。今日はお父さんと一緒に木を運ぶ仕事をしていた。お父さんの働きぶりに人間たちも喜んでいた。

ただ、ひとつだけ相談したいことがある……。

「お父さん！」

「こらこら、マラケシュ。そろそろ〝お父さん〟はやめなさい。子どもじゃないんだぞ。父さんか、親父、が嬉しいな。お互いもう大人だ。ちゃんと自分の意見を持って生きなさい」

「ありがとう。父さん。少し恥ずかしいね」

「気にするな、もうお前は立派に一人前だ。同じ大人として俺と話したらいい」

「じつは相談があるんだ……」

「どうした？」

「僕の友達のフェズがいるだろう。彼が急に変なことを言ってきたんだ。『僕らはこの鎖だって抜くことができる、その気になれば、いくらだって自由になっていい。それなのに、なんで人間の言うことを聞かなければならないんだ』って。彼はもっと自由になりたいって言うんだよ」

「馬鹿なことを言うんじゃない！　食事をもらえている！　安全に暮らせている！　何の不満があるんだ！　私たちはここにいられて幸せなんだ！　そんなことは考えてはいけないし、そんなことを言うやつと付き合ってはいけない！　彼とは縁を切りなさい！」

父さん……言いかけてやめた。

縁を切るなんてさすがにできないけど、確かに父さんの言っていることのほうが正しいと思う。僕らは人間に生かされている。自由に生きたいなんて思ってはいけないんだ。いまが幸せなんだから……。

「フェズ、やっぱり君の言ってることは間違ってるよ」

翌日、マラケシュとフェズは一緒に木を運びながら話していた。

「だってさ、僕らは人間に食事をもらって生きている。外に行って生きていける自信なんてないし、それが幸せとは思えない。確かに僕らをつなぐ鎖も、切ろうと思えば切れるかもしれない。でも子どもの頃から『切っちゃいけない』って教わってきた。外に行って自由に生きたいなんて、思っちゃいけないんだよ」

フェズは少し考えたような様子で、足を止めた。

頭の上の人間は鞭を振るってくる。足を止めたフェズに苛立ちを覚えているようだ。

「確かにその通りだね。餌をもらって住むところまである。俺らは生かされてるよ。でもなマラケシュ、あいつを見てごらん」

見た先にいるのは人間たちが「ショベルカー」と呼んでいる、硬くて強い生き物だった。

「いいかマラケシュ。確かに俺らの親の時代はそれでよかった。でもあいつが来てから変わっているのに気づかないか？　一緒に働く仲間は減った。代わりにあいつががんばっている。あいつは寝なくてもいいらしい。餌さえもらえればいくらでも動ける。すでに人間たちは、俺らよりもあいつらを重宝しているだろ？」

確かにそうだ。最近仲間が減った。僕らの餌も減っている。

「でもさ、フェズ。僕らには鎖があるだろう？　これは引き抜いてはいけないことになっている。好きに生きちゃいけないんだ！　僕らはここで生きていかなければならない」

「俺も確かにそうだと思っていたよ。でもな、じつは最近外に出る機会があったんだ」

「え！」

「森に入って驚いたよ。人間のいない森は本当に自由だった。食べ物もいっぱいあるし、そこにはちゃんと仲間もいた。そこで俺、すごい象に出会ったんだ。みんな彼を『師匠』と呼んでいた。彼の教えをもとに、みんな自由に豊かに生きていたんだ」

「なんだよそれ、僕らには人間がいるだろう。わざわざそんなやつの言うことを聞かなくても……」

「マラケシュ、よく見てみろ！　本当に人間が俺らを守ってくれるのか？　ショベルカーが増えて、俺らはまだここにいる意味があるのか？　自分の目で確かめたか？　自分の考えを疑ってみたか？　本当は、世界は広いんだ。どんなに面白いことがあるか、俺と確かめてみようぜ！」

確かに、人間が助け続けてくれるかわからない。

そして、言われてみれば自分で確かめたこともない。

フェズがここまで言うなら、きっと意味がある。

友人を信じてみるのも悪くないかもしれない。

「次の放牧の日に師匠と森で会う約束をしているから、そこで一緒に会いに行こう！」


〜〜〜〜〜〜〜〜〜〜〜〜〜〜〜〜〜〜〜〜〜〜〜〜〜〜〜〜〜〜


「君はまだ本当の象ではないよ」

次の放牧の日のこと。

その「師匠」に会って、最初に言われた言葉だ。

「何をおっしゃっているんですか？　僕には長い鼻があります。重い荷物を運ぶ力もあります。硬い皮膚は木々から僕を守ってくれています。僕が象でないなら、一体なんだというのですか？」

隣にいるフェズがビクビクしているのが伝わってくる。

小声で言ってくる。

「失礼なこと言うなよ」

でもそんなことを気にするわけにはいかない。

僕は誇り高き象で、毎日真面目に働いている。象ではないなんて言われる筋合いはない。

「ははは、威勢がいいね。では聞くけど、なぜあの鎖を引きちぎって外に出ないんだい？」

「あれは子どもの頃からあるもので、引きちぎってはいけないと教わりました。ルールだから引きちぎってはいけないんです」

「それでは単なる言いなりでは？　子どもの頃から鎖に繋がれ、これは引きちぎれないと洗脳されてきた。そんな勝手な思い込みが君の人生を決めている。引きちぎれないんじゃない、引きちぎらないと決めているだけだ。そもそもルールとは、みんなを幸せにするためにある。そのルールは君を幸せにしているのかい？」

「ええ！　幸せですよ。毎日食べるには困っていないし、家族とも一緒にいられている。何か文句でもあるんですか！」

「それが幸せなら、何の問題もないよ。でもあれを見てごらん」

そこにはショベルカーがいた。

「あいつもね、毎日食うには困ってない。ほら、家族もいるだろう。あいつらなりに幸せがあるんだろうが、言われたことをやり、食うに困っていない〝だけ〟の人生だ。それのどこに幸せがある？　あいつらと何が違わないいんだ？　幸せとは自己実現でこそ得られるものなんだよ。そしてもっと自由に挑戦し、自分のために生きることだ！　挑戦のない人生、冒険しない人生に幸せなんてない！　君は、本当はどうしたいんだい？」

僕がどうしたいのか……。

「君の幸せを決めるのは、世間体かい？　親や兄弟かい？　それとも社会のルール？　本当は君だって、いまのままではいけないと思っていたんだろう？　君が自分は象だというなら、君はどんな人生を歩んでいきたいんだ？」

「確かにまだ自分の人生まで決めていません。ですが、父や母の教えがあります。彼らが言っていることは間違っているというんですか！」

「君のお父さんやお母さんが間違っているということはないよ。彼らの時代においては。でも、時代は変わっているんだ。彼らが若いときと、君が生きている時代は一緒かい？社会が変わったのに、ルールが変わらないなんて、あるのかな？　正しい間違っているの話ではない。ルールだって変わるんだ。これからは『自分がどうしたいか』を形にする時代だよ。もう一度聞く。君は、本当はどうしたいんだい？」

「そりゃあ、本当はもっと自由に生きたいですよ！　もっと幸せでありたい！　でも、そんなことできるとは思えない……」

「私は断言するよ。君ならできる。もちろん最初から完璧ではない。でもね、私たちには可能性があるんだ。可能性は〝できること〟ではない。可能性とは〝できるようにしたいこと〟だ。そして、できるようにしたいと願い、そのために行動をするとき、必ずそれは報われる。報われるために大事なのは一歩を踏み出す勇気だ。たった一歩。君にその勇気はあるかい？」

「僕に本当にできるんですか？」

「君がそうしたいならね」

そう言われて、僕は決めた。
本当はこのままではいけないとわかっている。
この師匠について、僕も一歩踏み出そう。

やはり僕は自由に生きたいから——。

Chapter
1

なぜ、言いなりの人生になってしまうのか？

「言いなり」を求められてきた私たち

子どもたちほど、純粋で、無垢で、か弱い存在はいないでしょう。

私の講演会はめずらしく、子連れ参加ＯＫの講演会です。通常、講演会などは子ども連れを嫌う傾向がありますが、私は、子どものうちから大事なことを学んでほしいと思っているので、子連れを歓迎しています。

子どもたちは私のところに当たり前のように来て、私の仕事などまったくのお構いなしに遊びに誘ってきます。スピーチの前の場合、原稿のチェックをしているので「ちょっと困ったな……」と思いながらも無下に断ることもできず、ご両親が気づくまで子どもたちと遊んでいることも少なくありません。

講演会に来ている子どもを見ていると、自由に自分を表現し、思う存分に挑戦することを楽しんでいることが伝わってきます。

「成功者は幼子のように求める」という言葉があります。子どもたちほど自分の理想（欲しいもの）に、正直に生きている存在はいないでしょう。だから、すべての人たちは成功していくための大切な条件でもある「**目標に正直に生きる力**」を兼ね備えているのです。

ただ同時に、世間に出て同じことをしたら危ないだろうな、と思うこともあります。

・知らない人についていくと危険かもしれない
・好き勝手に遊ぶと大怪我しかねない
・まわりの人に迷惑をかけてしまうかもしれない

親御さんの心配は尽きないことでしょう。そんな姿を見ていて思うのは、「きっと自分も同じように親に迷惑をかけて育ってきたんだよな」ということ。

少ない記憶のなかでよく覚えているのは、大人に怒られた体験。

私もご多分に洩（も）れず、子どものときにはやんちゃなことをしたものです。

私が小さいとき、家の近くの原っぱに小さな物置小屋があり、そこに勝手に秘密基地をつくったことがありました。子どもにとってまさに天国のような場所。ここに来れば、まわりの大人たちから怒られることもない、自分たちだけの世界。

しかし、ある日この天国は崩れ去ります。

春が終わり、草刈りの時期。私たちの天国だった物置小屋には草刈り道具があり、なんと持ち主にばったり出くわしてしまい……あとは想像の通りです。

こっぴどく叱られ、「二度と同じことするな！　今度やったら親と学校に言いつけてやるからな！」と言われ、泣きながら帰宅……。

子どもという存在は、自由でありながら、とても弱い存在です。

親や社会に見放されたらどうなるでしょう。とてもではないですが、生きていくことすらままなりません。だから子ども時代に最初に学ぶのです。

「大人の言うことを聞いて生きていかないといけない」

これが「言いなり」で生きてしまう第一歩です。

怒られないように。見放されないように。大事にしてもらえるように……。

周囲の大人の言うことを聞いて生きるのが「正解」になってしまうわけです。

「**出来のいい子＝大人の言う通りにする子**」

言われたことをする〝言いなりの子〟ほど、よい子として扱われます。

言いなりの人生の第一歩は、子どものときから始まっているのです。

言いなりを卒業する方法

01

子どものときの純粋さを思い出す

そのルール、本当に必要なの？

このように、私たちは子どものときから「言いなり」をよしとする常識のなかで育つわけですが、学校教育も同じような傾向があります。

私が学生時代のことです。

ふと「なぜ、学生は学ランを着なければならないんだろう?」という疑問が浮かんだことがありました。別に学ランでなくてもいいのではないか、思ったことがある人は私だけではないはずです。

そう思うと、ほかにも学校教育にはたくさんの不思議が出てきます。

なぜ短髪でなければならないのか。

なぜ自転車に乗るときにはヘルメットをつけなければならないのか。

なぜ「廊下は静かに右側を歩こう」なのか。

ちなみに、あなたの学校にはどんな校則がありましたか?

調べてみると面白いもので、いろいろな学校のおもしろい校則が出てきます。

・小学生のうちはシャープペン禁止

・男子は丸刈りにする
・ポニーテール禁止
・髪留めのゴムの色は黒

……など。


あらためて、考えてみてください。

この校則は本当に必要なのでしょうか？

たとえばヘルメットをするということに関して、「安全上あったほうがいい」という意見がありますが、都内の車通りの多いところはヘルメット不要の学校のほうが多いです。

でも、地方に行くほどヘルメット着用の傾向が強い。

ヘルメットがあってはいけない、ということが言いたいのではなく、ヘルメットが必要というルールに疑問を持ってもいいのではないか？　ということです。

あるとき学校の先生に聞いたことがあります。

「なぜ、学生は短髪でなければならないんですか？」

先生はこう答えました。

「校則で決まっているからだ！」

校則で決まっていたら何でもいいのでしょうか？

時代が変わったのなら、ルールも変わるべきでは？

校則というルールだって、時代の変化に合わせて変わっていいはずです。

でも、ほとんどの場合、学校という閉鎖的な空間のなかで、時代の変化にルールだけが取り残されてしまう……。

学校というところは変化を嫌い、決められたことを継続する傾向が強いです。

これは、いい悪いではなく、きちんと理由があるのです。

学校教育は、「国の言うことに従順に従う人を増やすためにある」からです。

実際、日本の教育課程では高い学歴を持つ人ほど大企業に勤めたり、官僚を目指す人が多いそうです。

社長の出身大学ランキングで、第1位は日本大学です（東京商工リサーチ調べ2016年）。日本の最高峰・東京大学は、同ランキングで10位以内にすら入っていません。

海外ではほとんどの場合、学歴が高いほど起業していく傾向が強いですが、日本はその逆にあるのです。

もちろん生徒の母数の違いはありますが、学歴の高さと起業家の人数は比例していないのが日本の教育です。

この背景には戦後の日本の教育制度がありますが、この本はそちらの分野の専門書ではないので、ここで詳しく語ることはやめておきます。興味がある方は、ＧＨＱの教育制度がどんな意図でつくられていたのか、さまざまな本があるので読んでみてください。

戦後の日本の教育が間違っているということでは、もちろんありません。その礎があってこそ、日本が戦後大きく成長したのは確かだからです。

ただ、ここでも先程までの話と同様なことが言えるわけです。

つまり、時代が変わったのなら、ルールも変わる必要があるということ。

本書の冒頭でも「言われたことしかできない人間は不要になってきている」といった趣旨のことを書きましたが、これは間違いないでしょう。

もちろん、言われたこともできないなら話にもなりませんが、通常、社会人を3年もやれば、言われたことくらいは誰だってできるようになります。

問題はその先です。

会社の看板を外して、外に飛び出しても通用する自分であろうとするなら、言われたことができるくらいでは力不足になってしまいます。

もし、あなたがどこに行っても通用するビジネスパーソンでありたいなら、自分で考え、創造していく必要があるのです。

そのためには〝言いなり〟で満足しているわけにはいきません。

残念ながら、言われたことしかできない「優等生」は、必要なくなってきている時代なのですから。

言いなりを卒業する方法
02

誰かが決めたルールを、まずは疑え！

本当はあまいブドウが好きなのに、すっぱいブドウで満足しようとするあなたへ

キツネが歩いていました。お腹をぺこぺこに減らしています。

トボトボと歩いていると、目の前にブドウの木が。

そして、そのブドウの木には、美味しそうな実がなっています。

「お！　うまそうなブドウだ！　美味しくいただこう！」

喜んだキツネは、一生懸命にジャンプしてブドウの実を穫ろうとします。

ですが、残念ながら届きません。

あきらめたキツネは、こう言って去っていきました。

「どうせあのブドウはすっぱいのさ。最初から食べようと思ってなかったからいいんだ」

これは、イソップ童話の「すっぱい葡萄（ぶどう）」という話です。

本当はブドウが食べたかったキツネ。でも彼は簡単には食べられないことを悟ると、さっさとあきらめて、「あのブドウはすっぱい。最初から食べようなんて思っていない」と、挑戦することよりも、あきらめて現状に満足する選択をします。

これを「あきらめによる欲求充足」と呼びます。

あきらめて満足するのだから、たしかに簡単です。挑戦したり努力をする労力よりも、確実に手に入る「あきらめによる欲求充足」を優先してしまう。

そうやって自分を満たしてしまっていることが、あなたにはありませんか？

そして、これは多くの人が癖になりがちです。もっと言えば、現状の〝言いなり〟になることで自分を満足させているとも言えます。

「あきらめる＝現状満足＝状況に言いなりになっている」

というわけです。


ちなみにこの話には続きがあります。

キツネが食べるのをあきらめて、そこを通り過ぎようとしたときに、突風が吹きました。

そして運よくブドウが目の前に落ちてきます。「ラッキー！」と飛びつくキツネ。

「……すっぱ〜い！」

なんと、本当にブドウはすっぱかったのです。

そしてキツネは一言。

「僕はすっぱいブドウが好きなのさ」

本当はあまいほうが好きなのに、すっぱいブドウで満足してしまう。

このように、いま目の前にある現状に満足して、それ以上行動しない思考のことを「**現状満足パラダイム**」と私は呼んでいます。パラダイムとは、その人の思考パターンのこと。つまり、現状に満足して新しいことに挑戦しない考え方です。

この現状満足パラダイムにはまると、抜け出すのが大変です。

何か変化するチャンスにあっても、どうせ自分にはできないし、失敗したら嫌だし、リスクを取りたくないし、リスクを取るくらいならいまのままで無理しないのが一番だよね……となってしまうわけです。

キツネの場合も、本当はもっとあまいブドウを求めてみたらいいはずです。でも現状満足パラダイムにはまってしまい、挑戦しなくなってしまっているのです。

あなたはどうですか？　現状満足パラダイムにはまっていませんか？

言いなりを卒業する方法
03

現状に満足しない

Chapter 2

自由に生きるために、何を選択するべきか

私たちは、つねに
リスクとともにある

質問です。

「絶対に悪くはならず、現状よりよくなる可能性しかないことがあります。挑戦しますか？」

と聞かれたら、どうしますか？

どう考えたって普通は「ＹＥＳ」です。

でも、じつはここで「ＹＥＳ」を選ぶ人は意外と少ないのです。

前章でお伝えした「現状満足パラダイム」にかかっている人にとっては、「よくなることもリスク」だからです。

信じられないかもしれませんが、いまよりよくなることよりも、いまのままのほうが幸せと思い込んでしまっている思考パターンです。

努力してまで自分をよくするくらいなら、無理せず現状のままのほうがいい。失敗するリスクがあるなら、たとえ損がなかったとしてもやりたくない。それが現状満足パラダイムの恐ろしいところです。

つまり、よくも悪くも、

「**変化＝リスク**」

と、とらえてしまっているのです。

では、そもそもリスクとは何なのでしょうか？

リスクを辞書で調べると、

「ある行動に伴って（あるいは行動しないことによって）、危険に遭う可能性や、損をする可能性を意味する概念」

となっています。つまり少しでも損をする可能性がある場合、その行動はリスクがあるということになります。

では、ここであらためて聞きます。

毎朝会社に行くために出勤しますが、事故に遭う可能性は0％ですか？　食事もすると思いますが、食中毒になる可能性は？　会社の仕事がハード過ぎて、うつなどの病気になってしまう可能性は？

「そんなことばかり考えていたら生活できない！」と怒られてしまいそうですが、このようなリスクを伴って行動しているのが現実です。

そもそもですが、リスクを取らずに生きていくこと自体不可能です。だからリスクが怖いということは、自分が生きていること自体も否定していることになってしまうのです。

リスクには4つの種類があります。

①　取るべきリスク
明らかに取らなければならず、取らなかった場合に損失があるリスク。
（例）会社に行く、契約を守る

②　取れるリスク
損失を被る可能性はあっても、損失自体が致命傷にはならないリスク。
（例）少額の投資をする、週末起業をする

③　取れないリスク（取るべきでないリスク）
リスクが高すぎて、失敗した場合の損失が大きすぎるリスク。もしくは、そもそもリス

クを取る意味がないもの。

(例) ビルを一棟買う、崖から飛び降りる、お金をドブに捨てる

④ **取らないリスク**

行動を取らないことにより発生するリスク。

(例) 電車に乗るのが怖いから会社に行かない、会社が潰れそうだけど転職の自信がないから転職しない

ここでぜひ知っていただきたい大事なことは、

〝行動しても行動しなくても、リスクはある〟

ということです。だから、大事なことは自分の取れる範囲のリスクを分析して、取れるリスクを取ることです。

私はよく、

「起業する勇気があって、すごいですね」

と言われますが、決してすごいものではありません。

会社に在籍中に、起業して収入が見込める状態を先につくっていたので、多少の不安はありましたが大丈夫だろうと思っていました。むしろ「会社にいれば大丈夫」とタカをくくっているほうが、私にとってリスクが高く〝取るべきでないリスク〟だと思いました。

たとえば週末起業のレベルなら、大したリスクもありません。

取れるリスクなら取ってみるべきなのです。

でもほとんどの人は、「起業＝リスク」ととらえ、取れるリスクか取れないリスクかですら考えません。問題は、知る努力や検討する努力を放棄していることです。

無理に起業しろという話ではありませんが、リスクという言葉に逃げずに、リスクと向き合う必要があるのではないでしょうか。

言いなりを卒業する方法 04

リスクと正しく向き合い、取れるリスクは取ってみる

いまこの本を読んでいるということは、同時に「何かをしない」という選択をしている

前著にも書きましたが、私の特技はダイエットです。

しかし、問題はリバウンドもプロ級であるということ。

先日もイヤというほど、それを自覚させられることがありました。


出張の宿泊先のホテルの朝食がバイキングでした。

私のようなダイエッターにとっては、もっとも危険です。

しかもかなり充実した内容。

サラダ、フルーツ、スープ、魚料理、肉料理、揚げ物、パスタ……など。

卵料理は、その場で好みに合わせて調理してくれます。

サニーサイドアップ（目玉焼き）が好きな私は、いつものようにそれを注文し、サラダを盛りつけます。

すると、横にある生ハムが気になる。ということで、生ハムをゲット。

その奥を見ると飲茶まである！　小籠包好きの私としては、当然こちらもゲット。

その横にはパエリア発見！　パスタもある！　どんどんお皿に盛られていきます。

さらに奥に進んで行くとお肉料理が。目の前になんと、朝から鉄板でステーキを焼いてくれている！　これは食べたい！

でも……すでに両手いっぱいで、これ以上持てない！

しかも、気づけばとんでもない量になっている。

これを食べてさらにお肉まで食べられるだろうか？

結果、持ってきたものは食べましたが、ステーキはあきらめることになったのでした。

さて、もちろん食べ物の話がしたかったのではありません。

これは生き方の話です。

「置いたものが大きいほど、得るものも大きい」という言葉があります。

両手いっぱいに握りしめて、新しいものを手に取ることはできません。

どうでもいいものをいっぱい握りしめてしまったために、本当に欲しいものが手に取れない。そんなことありませんか？

試しに、机の上にあるものを適当に手に取ってみてください。

その状態でもっと大きいもの……たとえば、テーブルやパソコンなどを持つことは難しいはずです。

人生は選択です。

何かを持つということは、何かを持たないということです。

何かをするときは、何かをしていないときなのです。

あなたはいま、この本を読んでいます。

この本を読むという選択は、同じタイミングで、「ほかの本を読まない」という選択でもあるのです。

何かをするという選択は、何かをしないという選択を同時に意味しています。

ほとんどの人は、どうでもいいものに振り回されて、本当に大事なものに必要な時間と労力を割いていない現実があります。

「20：80の法則」は有名です。

人生には本当に大事な20のことと、どうでもいい80のことがあり、ほとんどの人はどうでもいい80のことばかりに時間や労力を割いているわけです。

あなたにとって、本当に大事な20のことはどんなことでしょう？
そして、本当はどうでもいいが、ついやってしまう80のことは？

ほとんどの人は得ることばかりに一生懸命になっています。

でも、もし新しいものを得たいなら、それに応じた、どうでもいい80のことを置く選択をしなければならないのです。

仮に「出世をしたい」「起業して成功したい」「体づくりをしたい」といった場合、何を置く必要がありますか？

どうでもいい遊びの時間かもしれません。

本当はやらなくてもいい仕事かもしれません。

虚栄心や自己顕示欲、表面的な承認欲求かもしれません。

本当の自由は、得ることではなく、先に手放すことで手に入ります。

想像してみてください。

どうでもいいものを大量に握りしめて、身動きが取れなくなっている自分を。

もしこれらを置くことができたなら、どれだけあなたは自由になれるでしょう？

じつはあなたを不自由にしているのは、あなたが握りしめているどうでもいい「それ」が原因なのです。

あなたにとって、置くべき80のことはなんですか？

言いなりを卒業する方法
05

本当に重要な20のことに集中する

2万円もらってから1万円失うと、イヤな気持ちになる理由

ある女性からもらった相談です。

「いまの彼氏は決して悪い人ではないんですが、それほどいいとも思っていないんです。だから別れようかと思うんですが、これまで付き合ってきたし、別れるのも気が引けて。じつはほかにいいと思う人もいるんですが、いまの彼を失うほうが怖いような気がするんです……」

さて、あなたならこんな女性に会ったとき、どんなアドバイスをしますか？

- **ほかにいいと思う人がいるなら、別れたらいいよ**
- **それほどいいと思ってないのに付き合ってるのは、時間がもったいないんじゃない？**
- **彼を失っても、ほかにいっぱいい男はいると思うな**

などとアドバイスするかもしれません。

ほかの人から見れば別れたらいいのに、本人は失うのが怖い。

新しいものを得られる可能性よりも、いまあるものを失わないようにする心理状態。

これを「保有効果」と言います。

たとえば、あなたならどちらが嫌ですか？

（1）1万円もらえる予定が、もらえなくなる
（2）もらった1万円を、返金することになる

ほとんどの人は（2）のほうが嫌なはずです。

でもよく考えてみると、起きてる事象はどちらも変わりません。「1万円が手に入らなかった」という事実だけです。にもかかわらず返金するほうがイヤ。

人は、手にしたものを手放すことのほうが嫌なのです。

ちなみに、1万円もらえる喜びを「1」としたら、1万円を失う悲しみは「2から2・5」程度となるそうです。

だから、2万円もらう喜びよりも、1万円失う悲しみのほうが強いのです。

そのくらい、人は失うことを嫌がるということです。

余談ですが、これはちょっとした販売手法にも活用できます。

たとえば1000グラムの肉の量り売りをするなら、950グラムぐらいを狙って少し少なめに盛って、あとから50グラム追加したほうが、1050グラム盛って、あとで50グラム取り除くよりも、顧客満足度は高くなります。


さて、話を戻すと、人は失うことを恐れます。

私もよく聞かれるのが、

「大手で働いていて、独立するのはもったいないと思わなかったのですか?」

という質問です。

大手にいるという社会的ステータスを捨ててまで独立するのはもったいない、私ならできません、というわけです。

もちろん気持ちはわかります。

私も辞めることを決める前は、まったく迷わなかったかというと嘘になります。

そのなかで勇気をもらった話が、松下幸之助さんが独立を決めたときの話でした。

ご存じの通り、松下幸之助さんは改良ソケットを開発し、そこから独立を決められました。ただ、その同時期に社内で出世が決まっていたそうです。

そんなタイミングでなぜ、会社を辞め、独立に舵を切れたのか。

それは、

〝会社員はいつでもできる〟

と思ったからだそうです。

多くの人は、手放してしまうと二度と手に入らないように思ってしまいがちです。

でもじつは違います。

失っているのではなく、ただ「置いた」だけなのです。

致命的なものでなければ、いくらでも置いて、あとから取り戻したらいいだけ。

「失っている」と考えるから、新しい方向に舵を切ることから逃避してしまうわけです。

この話を聞いたときに私も、

「そうだ！　会社員はいつでもできる。何もいまにしがみつく必要なんてない。外に出て経験を積み、もっと力をつけて、戻りたかったら戻ってきたらいいじゃないか。言われた仕事や決められた仕事で年月を過ごすよりも、会社の看板なしで、自分の実力で勝負したほうが力もつくし、力をつけていれば、いつでも同じ仕事くらいできるだろう」

と、独立の一歩を踏み出しました。

もう一度言います。

人生で「失っている」ものなんてほとんどなく、「置いている」だけです。

あなたが力をつけていけば、置いたものはすべて取り戻せます。

たまに「いましかできないことがあると思うんです」と言う人がいます。

いましかできないことなんて、高校生のときくらいしかありません。甲子園を目指すとか、高校生カップルになるとか……本当にそれくらいしかないのです。

私にはバカな友人がいます。

彼は「プロ野球選手を目指したい」と言っていました。

「あれ？　野球経験あったっけ？」と聞いたところ、小学生のときに少しやっていただけで、それ以来していない。でも、野球が好きだから野球選手を目指したいと言う。

「ゴールを決めて、そのために本気で努力すればなんとかなると思うんです」

と、彼は熱弁していたわけですが、年齢は30歳を過ぎてます。

野球を本気でやっている人に言ったら、怒られる話でしょう。


おそらくこの本を手に取ってくださっている方は、社会人が多いと思います。

ぜひ覚えておいてください。

いましかできないことなんて、社会に出たらほとんどないということを。

大丈夫です。

手放したところで、あなたがしっかりとステージアップしていれば、いくらでも取り戻すことが可能です。

プロゴルファーのジャンボ尾崎さんの名言があります。

「100を切るのに趣味を捨てた。
90を切るのに友達を捨てた。
80を切るのに家族を捨てた。
70を切ったら、すべてが返ってきた」

本当にこの通りで、あなたが自分のステージを上げるとすべてが戻ってきます。
人生で失っているものなんてありません。
置いているだけなのです。

言いなりを卒業する方法

06

置いたものを数えるより、自分のステージを上げることに集中しよう

人生の幸せとは、5つの要素の掛け算で決まる

「岡崎君にとって、幸せって何？」

まだ起業することを決めて間もない頃。

私の師匠といえる存在に、個別セッションしてもらっていたときのこと。

「岡崎くんは〝幸せになりたい〟って言っていたよね。だとしたら、幸せが何かをわかっていないといけない。だから質問。岡崎君の幸せって何だろう？」

「出世するとか、お金持ちになるとか、家族を持つこと、とかですかね……」

と、答えながら、まったく自信がありませんでした。

なぜなら「幸せが何か」ということを考えたことがなかったから。

「確かにそれも幸せの形のひとつだね。でもね、出世したら全員幸せなのかな？　お金持ちになれば全員幸せ？　結婚したって幸せな家庭を築ける人もいれば、残念ながら離婚してしまう人もいるよ。なぜだと思う?」

「……」

何も答えられない。

確かにその通りだが、「なぜそうなのか」までは、まったく理解できていない。

「幸せであるということは『感じる幸せ』と『存在する幸せ』の2つがあるんだよ。たとえば、岡崎君はお酒が好きだったよね?」

「はい! 大好きです!」

「いい返事だね(笑)。飲みすぎないように気をつけてね。

さて、一日の仕事を終えて帰宅。シャワーでも浴びてスッキリしたところで、ビールを一杯。どんな気持ちになる?」

「うまい！　幸せ！　ってなります」

「そうでしょ？　これが『感じる幸せ』ってこと。『心の幸せ』と言ってもいいかもしれないね。何かをやりきったとき、達成したとき、それに応じたご褒美があったとき、やってよかった！　ってなるよね。そうすると心が喜ぶ。その喜びが『心の幸せ』なんだ」

「ああ！　それわかります。僕は富士山に登るのが好きですが、登り切ったときの達成感がたまらないんです。山頂でご来光を見ると、いつも涙が出ます」

「そうだよね。でも、日の出なら富士山の上でなくても毎日しているんだよ。別に近くのビルの上で見たっていい。でもそれじゃあ感動しないし、幸福感はないよね？　なぜなら達成の上にある体験ではないから。人間は努力して達成するのが好きな生き物なんだ」

努力して達成するのが好き……。
そんな考えはなかった。むしろいかにサボって、いかに楽に稼ぐか。
そして要領よくまわりに評価されたほうが、得だと思っていた。

「お金持ちでも幸せを感じない人は、これが理由のひとつだね。大した努力をしないで得た結果や、表面上だけ帳尻を合わせて得た結果だから心が満たされない。心が満たされていないと人は幸せになれないいんだ。ただ、もちろん心だけが満たされていても不十分。
もうひとつ大事な幸せがある。それが『存在する幸せ』だ。『お金』『時間』『仲間』『健康』の4つのことなんだけど、わかるかな？」

「それならもちろんわかります。『お金』は収入や貯蓄ということですよね。貧すれば鈍するなんて言いますし、お金がないと心も体も満たされないと思います。そして『時間』は自分に使える時間ということだと思います。余暇を楽しんで、リフレッシュできる時間のことです」

「それももちろん大事だね。ただ少し補足すると、時間は〝自分の理想のために選択している時間〟のことなんだ。思いっきり遊ぶため（レジャー）にがんばってる人なら、遊んでいる時間はもちろん、そのためにしている労働の時間も自分で選択しているので、満たされていたりする。逆に、たとえ遊びの時間でも、嫌いな上司に付き合わされて嫌々な時間なら、幸せとは感じないでしょ？」

確かにそうかもしれない。

私は高校時代に合唱部だったが、全国大会常連校で、朝練から始まって、ときには昼休みまで使っていた。でも全国大会に出場するためなら、苦でなかったのを覚えている。

「人は、理想に向かっているときには、幸せでいられるものなんですね」

「そういうことだね」

「あと『仲間』は、友人や家族、もちろん仕事の同僚も含まれると思います」

「そうだね。場合によっては、同じ業界やチームをよくしていこうとしている人たちまで『仲間』に広げてみてもいい。そうすると、みんなでどうやってこの業界をよくしていくかって仲間意識が持てるし、勝ち負けの世界ではなくなる。たとえ会社は違っても、同じ業界をよくしていく仲間だ、一緒に勝っていこうってね」

「最後の『健康』は身にしみてわかります。じつは学生時代に胃潰瘍を患いまして。無理がたたってか、浪人中に大動脈にまで穴があいてしまって……。あのときは本当に多くの方に迷惑かけてしまったし、自分自身もつらかったです」

「それは大変だったね。でも君のいまの元気な姿を見たら想像できないよ(笑)。

さて、ここからが大事なポイント。最初に言った『心の幸せ』に、いまの4つを足した、

5つの面積で、幸せは決まるっていうことなんだ」

師匠は図を描きながら説明してくれた。

「『心』『お金』『時間』『仲間』『健康』のそれぞれが100点満点だとして、いまの自分はどの辺にいそうかな？」


心はそこそこ満たされているから70くらいかな。

お金は全然ないから10だな。

時間は理想のためにがんばってる時間も多いけど、関係ないと感じる時間も多いから50くらいか。

それと仲間って考えてみると全然いない。人付き合い苦手だからな。30だ。

健康は、ちょっと運動不足だけど悪いところはないから80。

「これを線でつなぐだろ？　そうすると、これがいまの岡崎君の幸福の状態だよ」

形がかなりいびつだった。

こうやってグラフで見ると、自分の状態がよくわかる。

「稲盛和夫さんが〝物心両面で豊かであること〟と言っているけど、それはこのグラフをバランスよく広げていくことだと思う。もちろん起業したてや、会社に入ったばかりだとすぐにバランスよくはならないけどね」

本当の幸せとは、このグラフをバランスよく、より大きくしていくことなのか。

ただ、確かにそんなに器用に全部をいきなり手に入れるのは難しそうだ。

「いいかい、言われたことしかやらない言いなりの人生では、残念ながら小さな幸せしか掴めない。いや、むしろ今後、言いなりの生き方をしている人は必要とされなくなっていく。だから小さな幸せすら手に入らない可能性だってあるんだ。どうしたら物心両面で豊かになれるか、それがこれからの生き方で大事なことだね」

幸い、その後本当に物心両面で豊かになれたと思うが、ひとつだけ師匠との約束で守れていないことがある。

「飲みすぎないように気をつけてね」

……あらためて、気をつけよう。

言いなりを卒業する方法 07

「心」「お金」「時間」「仲間」「健康」の5つを大切にする

AI社会、
大歓迎ですけど何か？

私の友人が電車に乗っていたときのこと。

目の前に座っていた女子高生に「あの人、まだガラケー使ってるよ」と、ヒソヒソと笑われたという話をしてくれました。

変化の著しい現代社会。

ほんの数年前まで当たり前だったガラケーが、すでに過去の産物となるほどに変化のスピードは増すばかりです。

そんななか、面白いコンビニの話を聞きました。

その名も「Amazon Go（アマゾン・ゴー）」。名前の通りAmazonが出したコンビニエンスストアです。アメリカのシアトルに1号店が出ています。

何が面白いかというと、なんと「レジ係がいない」ということです。

日本でもセルフレジを導入するコンビニが出てきていますが、そんなレベルではありません。「完全無人」なのです。

顧客が商品を手に取ると、その顧客のアマゾンアカウントのカート内に自動で商品が入り、店の出口を通過すると自動で決済されるという仕組み。

人件費が削減され、安く購入できるのは顧客にとっては嬉しい話なのですが、同時にこれは労働者にとっては脅威と言っていいでしょう。

なぜなら、これからの世の中はレジ係が不要になっていくということを意味しているからです。

「働き口が減って困る！　やめてほしい！」

そういう人もいるみたいですが、これはいまに始まったことではありません。

たとえば私が子どもの頃は、自動改札機がありませんでした。だから、そこには切符を切る係の人がいたものです。残念ながら時代の変化とともに、あの仕事はほとんどなくなってしまいました。

ほかにも、高速道路の料金所は基本的にすべて有人でしたが、いまではＥＴＣが増え、この仕事も劇的に減っています。

私のオフィスは東京の汐留にありますが、近くにある有名ホテルのフロント前にはロボットを設置して、受付の一部を難なくこなしています。

つまり、ＡＩやロボティクスが発展していく今後の世の中は、単純労働や言われたことをやる程度の仕事は、ほとんどロボットに代行されていってしまうということです。

オックスフォード大学のオズボーン氏が、2014年に『雇用の未来―コンピューター化によって仕事は失われるのか』という有名な論文を書いています。そのなかで、今後10～20年程度で、米国の総雇用者の約47%の仕事が自動化されると論じています。

そして、その自動化される仕事のなかには、コンビニの店員やホテルの受付などが入っています。まさに、論文の通りの未来が近づいていると言えるでしょう。


さて、問題はここからです。

あなたの仕事は今後もあり続けますか?


もしあなたが誰にでもできる単純労働や、肉体労働しかしていないとすれば、ほぼ100%の確率でその仕事はなくなっていきます。

経営者からすれば、安く、正確で、まったく不平不満を言わないロボットのほうが労働力として優秀だからです。これは免れることのできない現実でしょう。

では、これは不幸なことでしょうか?

私は、まったくそうは思いません。

なぜなら、人間が単純労働から解放され、よりクリエイティブな仕事をするチャンスだからです。

誰もが自己実現のために働いていい社会が来るのだとしたら、ワクワクしませんか？

ただし当然、問題もあります。

それは、思ったよりも早いタイミングで訪れようとしているということです。

「Amazon Go」のような仕組みが日本で流行りだすのも、そう遠くない未来だと私は思います。高級ホテル以外のホテルの受付は、ほぼなくなっていくでしょう。

「喉が渇いてから井戸を掘っても遅い」というように、困ってから準備したのでは間に合いません。すでに来るとわかっている未来に合わせて、いまから準備しなければならないのです。

これからの時代に必要とされる「人財」は、

- **自ら主体的に動き**
- **新しいアイデアを創造し**

・**それを実行できる**

人なのです。

だから、言われた範囲内でしか仕事をしなかったり、人の目ばかりを気にして動かない人は、近い将来に仕事を失ったり、残念ながら必要とされない「人罪」となってしまいます。

いままでは人と同じであることに価値があった時代が、これからは人とは変わっていることに価値がある時代になっていくのです。

それでは、ここからさらに「言いなり卒業」のために大事なことを、お伝えしていきましょう。

言いなりを卒業する方法 08

主体的に動き、アイデアを生み出し、迷わず実行せよ

Chapter

3

心のメカニズムが、「言いなり」か「自由」かを判断する

「できない」と言われ続けると、「自分はできない」と思い込んでしまう

Chapter0で登場した言いなりの象・マラケシュの話。

なぜマラケシュは「自分にはできない」と思い込んでしまっていたのでしょうか？

じつはこの象の調教方法は実話です。

象は子どもの頃から鎖に繋がれて育ちます。

仔象とはいえ、象は象です。もちろん鎖くらい引き抜けるだけの力はあるわけですが、引き抜こうとすると人間から鞭が飛んできます。

痛いのは嫌なので、引き抜くのをやめるわけですが、これを繰り返すうちに仔象は「鎖は引きちぎってはいけない」ことを学びます。

そして年月が経ち、鎖を引きちぎらないのが当たり前で過ごし続けると、そのうちに思い込みの形が変わって、「鎖は引きちぎれないものだ」という、決めつけを持ってしまうのです。これを、心理学では「エレファント・シンドローム」と呼びます。

「引きちぎらない」という自己の選択と、「引きちぎれない」という可能・不可能の話では、まったく意味が違うのですが、長年の経験が「自分にはできない」という深い思い込みをさせてしまうことになるわけです。

「禁止を繰り返す→自分にはできないことだと思い込んでしまう」

これは人間にも当てはまることです。

私たちも小さい頃から、多くの禁止行為によって育てられています。

- 他人に迷惑をかけてはいけない
- 大声を出してはいけない
- 廊下を走ってはいけない
- できない約束をしてはいけない
- 無理をしてはいけない
- 欲張ってはいけない
- 失敗してはいけない

もちろん、社会通念上しないほうがいいことも多々あります。

ですが、その禁止行為による束縛で、本当はできることも「自分にはできない」という思い込みに変わってしまっていたりします。

たとえば「他人に迷惑をかけてはいけない」というのも考えものです。なぜなら生きている以上、大なり小なり人に迷惑をかけて生きているからです。

仮に、人にまったく迷惑をかけない人生を送るにはどうしたらいいでしょうか？　迷惑をかけないように、家から一歩も出ない？　引きこもりでは、かえって家族やまわりの人に迷惑でしょう。

仕事をしても一切のミスは認められません。でもミスせずにできる仕事の範囲では、会社にとっては迷惑な話です。会社を大きくするのは、ミスがあったとしても大きくチャレンジする人だからです。

結局そう考えると、まったく他人に迷惑をかけない生き方なんて不可能なのです。

ほかにも「できない約束はしない」という人がいますが、できるかどうかの努力をする前に決めてしまうのは、いかがなものでしょう？

あなたに依頼が来たのなら、あなた自身は難しいと思っていても、頼むほうは、あなたならできると見ているわけです。

もしかしたら、本当にできないこともあるかもしれません。

それでも相手の期待に応えようと、無理を承知で「まず、やってみます！」と応えてみてはどうでしょうか？

そうすると頼んだほうも気分がいいですし、あなたのことを応援したくなります。

そして、十分に努力した結果で達成できなかったとするならば、誰もあなたを責めるようなことはしないはずです。

当然ですが、悪意ある迷惑行為や、自分さえよければいいという不健全な動機による迷惑行為はいけません。

でも、動機が健全で適切に努力をした結果の迷惑は、たくさんかけたらいいのです。

会社や職場をよくするために、自分の人生をよくするために、社会をよくするために、どんどん迷惑をかけてください。

あなたが長年かけてつくり上げてきた「自分にはできないこと」は、どんなことがありますか？　そして、それは本当に「自分にはできないこと」ですか？

その昔、私は師匠から、

「なんでもっと欲張らないの？　健全な欲は素晴らしいことなんだよ。誰かが岡崎君の人生を代わりに欲張ってくれることはない。自分で自分の人生を欲張らないで、ほかに何を欲張るの？」

と言われたことがあります。

勝手に自分に禁止をかけて、やる前からあきらめていたらもったいないです。

自分にはできないと思い込んでいること、そして、勝手にしてはいけないことだと思い込んでいることが、そもそも間違っているのかもしれません。

あなたの心の壁を壊す第一歩は、自分の固定観念に疑問を持つことからなのです。

言いなりを卒業する方法

09

迷惑はどんどんかけて、もっと欲張ろう！

なぜ人の目が気になるのか？

「なんでそんなに、人からの評価ばかり気にしてるんだい？」

まだ会社員だった頃のこと。

師匠と出会って間もない私は、まわりからどう見られるか、どんな評価をされるのか、世間体や体裁ばかり気にして毎日を過ごしていました。

「それは気にしますよ。それが悪いことなんですか？」

「いや、決して悪いことではないよ。でももし、まわりからの評価に振り回されて生きているのだとしたら問題だってこと。岡崎君の場合ね、人の目ばかり気にして自分を見失ってしまっている。カッコつけてみたり、謙虚そうなふりをしてみたり。理論武装だけして中身がないよね。出会う人ごとに、自分を変えて生きてるように見えてさ」

……確かに言われてみればその通りで、出会う人ごとに自分を変えてしまっている。

相手の都合に合わせて生きる八方美人になっているかもしれない。

「そういう生き方をする人って多いんだよね。怪人二十面相（かいじんにじゅうめんそう）みたいな？　いろんな仮面を身につけて、人に合わせて、その仮面を取っかえひっかえしながら毎日を過ごしている。想像してみてごらん。今日は上司に会うから謙虚そうな顔しないと！　次は後輩だから偉そうな顔しないと！　夜は学生時代の友達だ、物知りそうな顔しないと！　って仮面を取っかえひっかえ……どうなりそう？」

「それは疲れますね……まさにいまの自分だと思います」

「そうだろう。そうやって多くの人は、さまざまな仮面をつけて毎日を過ごしている。だから人に会うと疲れちゃう。家に帰って一人になったときだけ仮面を脱げるからホッとする。やっと素の自分になれたって。でもこんなことを繰り返していくから、だんだんと自分を見失っていく。本当は何をしたいのか？　本当はどんな生き方をしたいのか？　よくわからなくなってくる。そうやって、社会や会社や誰かの顔色ばかり窺う〝言いなり〟の人生が始まっていくんだよ」

心当たりがありすぎる。

自宅に帰って一人のときがもっともラク。誰かに会うことがすごく疲れる自分がいる。これは、知らずに仮面を身につけて生きてきたからだったのか……。

「どうしたら、その仮面をつけずに生きていくことができるんですか？」

「仮面をつけることが全部悪いということではないよ。つけずに会うと痛い目にあわされるような人も、残念ながらいるからね。

大事なことは〝着脱可能〟であることだ。その着脱可能に大事なことは2つ。

ひとつは自信を身につけること。自分に自信があれば、それほど多くの仮面をかぶらなくても、自分として勝負することができるから。

もうひとつは、いつでも戻れる『本当の自分』が決まっていること。硬い言い方をするなら、どんな存在でありたいか、という存在理由を明確にすることだね」

「存在理由ですか。難しいですね」

「これは素人が扱う領域の話ではないね。一人ひとり目的や存在理由は違うから。そして一生探求し続けるものでもある。一度、能力開発のセミナーを受けてみるといいかもしれないね」

「なるほど。でもそういう自己啓発みたいなセミナーって、なんていうか、怪しくないですか？　僕はあまり好きでないというか……」

「成功する人には自己啓発は欠かせないよ。でもね、セミナー＝自己啓発ではない。自己啓発はモチベーションアップを中心におこなっている。まわりから見ると怪しく見えたりするけど、東大を目指す高校生たちの合宿とか見ると、モチベーションアップのためにいろんなことをするだろう？　滝に打たれたり（笑）。だからモチベーションアップって、結果をつくるためには大事なことではあるんだけど、これだけがセミナーではないんだ。
もうひとつが能力開発。能力開発は必ず成果に着地していく。僕が勧めている研修は能力開発のほうだよ。岡崎君が〝言いなり〟の人生を卒業して自分の人生を生き、成果をつくり出すために受講するといいよ」

こうして受講した研修は、私の人生を大きく変えることになりました。
本書で紹介するさまざまなスキルや習慣は、そこで学んだことが盛り込まれています。
これについては本書の最後。エピローグでご紹介しましょう。

言いなりを卒業する方法
10

自己啓発ではなく、能力開発を学べ

自分との約束を守らないと、人生がゆがんでいく

ここで少し、私のバカな話に付き合ってください。
もちろん大事なことを伝えるためですが、箸休めくらいの気持ちで大丈夫です。

【我輩はバカである 色々やらかしてしまった話】

我輩はバカである。
たぶんこのシリーズは5〜6回目くらいだ。だが回数はどうでもいい。
バカなりに考えた結論、ナンバリングをやめたらいいとなった。
こんな簡単なことにも気づかないのだから、やはりバカだ。
自分勝手な思い込みがルールとなり、気づけばどうでもいいルールの虜になっている。
エスカレーターは左足から乗るし、お茶は熱くなくてもふーふーしたくなる。
なぜならバカだからだ。
さて、そんな話はどうでもいい。
記憶に新しいうちに、昨日のやらかしてしまった話をしたい。
まず我輩はプロのダイエッターであり、リバウンダーである。

仕事を終えた我輩、何を血迷ったかジンギスカンが喰いたくなった。
喰わなきゃいいのだ、本当は。でも喰いたくなった。
そこで行ってしまった……「金の羊」に。
ここは我輩が知る限り、どこで食べるよりも美味いジンギスカンにありつける。
有難いが迷惑な話で、明け方の4時までやっている。
これだけ美味い店が明け方までやっていたら、嫌でも行きたくなる。迷惑な話だ。
我輩がプロのリバウンダーである原因は、この店のせいだ。
人のせいにしてしまうのも、我輩がバカだからに違いない。
ただ問題は「金の羊」に行ったことではない。
見事にダイエットに失敗していることでもない。
このくらいは、我輩のバカさ加減からいえば序の口だ。
なぜかまったく意味がわからないが、
新橋で友人が呑んでいることを聞きつけてしまった。
やめたらいいのに、二次会だ。

「メガハイ」ってなんだ、バカだろ。
なぜあんなに大盛りの「緑茶ハイ」が出てくる？
気づけば、だいぶ飲んでしまった。
気分良く帰宅。
さて、何がバカだったのだろう？
食べ過ぎたこと？
飲み過ぎたこと？
違う。
朝起きたら衝撃の事実。
カバンがない。
やはり我輩はバカである。

——「岡崎かつひろ公式ブログ」より

やはり自分で読み返してもバカですね（笑）。ことの顛末（てんまつ）が気になる方は、ぜひ私のブログをご覧ください。

そんなことはさておき、私のような体験（カバンをなくす）をしてしまった場合、あなたならどう思いますか？

「バカやっちゃったよ。ダメだな自分って。はぁ……」

という気持ちになると思います。

すると、心に隙間ができるように感じます。

人間の心には「承認のコップ」と呼ばれるものがあります。

このコップが満たされているとき、人は満足します。

逆に、コップが満たされていないときには虚しいわけです。

だからカバンをなくすなどの失敗をすると、コップの中身が減ってしまうのです。

ちなみに、このコップの中身。

これは、2種類の「オイル（油）」なのだそうです。

なぜオイルなのか？　簡単です。燃えるからです。

あなたがやる気に満ちて燃えているときというのは、このオイルが満タンであることを意味しています。

そして、このオイルの名前は「承認のオイル」といいます。

そこで質問です。

あなたの「承認のコップ」は、どの程度オイルで満たされていますか？

やるべきことをやりきっていると100％になります。心が満たされていて、やる気に満ちているはずです。

でも、やり残した仕事や破ってしまった約束などがあると、このオイルは90％、80％と減ってしまいます。心が虚しくなってしまっているかもしれません。

この承認のオイルは約束を守ったときに増え、約束を破ったときに減ってしまうのです。

もしあなたが満たされていないと感じるのなら、その原因は「約束を守っていないから」です。約束の扱い方が、あなたをどんな人であるかを決定づけていきます。

ちなみに約束には、大きく2種類の約束があります。

① 自分との約束

(例) 毎朝6時に起きよう。ハツラツと過ごそう。決めた目標を達成していこう。

② 他人との約束

(例) 8時に友人とご飯に行こう。借りた本を読もう。会社のノルマを達成しよう。


もちろんほかにもたくさんありますが、あなたはそれぞれ、どの程度守っていますか？

おそらく、他人との約束はしっかり守っている人のほうが多いと思います。

なぜなら、人からの信用に関わっているからです。

では逆に、自分との約束はどうでしょう？

「まあ、このくらいでいいか」

「どうせ誰にも迷惑かけないし」

「誰が見てるわけでもないし」

このように、適当に扱っていないでしょうか。

しかし、問題があります。

約束を守っていない自分がいることを、知っている人がいるのです。

そう、あなた自身です。

頼りになる自分なのか、ならない自分なのか、自分が一番よく知っているわけです。

「自信が欲しい」とか「自信をつけなよ」などと言いますが、本質的なところで大きな間違いがあります。

自信の正体は、自分との約束を守ったか守らなかったか、だからです。

自分との約束を守っていないのに、自信はつかないわけです。


さて承認のオイルの話に戻りますが、オイルには2種類あるとお伝えしました。

それは、

① 自己承認のオイル

② 他人からの承認のオイル

の2種類です。

つまり、自分との約束を守っていると自己承認のオイルがたまり、他人との約束を守るとほかの人からの承認のオイルが注がれることになります。

心に隙間がある状態は嫌ですから、誰だって承認のコップを100%満たしたいと思います。

だから、そのために自分との約束を守ればいいのですが、自分との約束を守るには、自分で自分を律しなければなりません。

すると、自分を律するよりも、まわりからもらったほうが手っ取り早くラクなように思ってしまいます。

でも自信がない人に、まわりの人はオイルを注ぐことをしません。

そこで人は「仮面をつける」ということを選択してしまうのです。

かっこいいフリ、真面目なフリ、謙虚そうなフリ、頭のよさそうなフリ……自信のない自分を隠すために演技を重ねて、なんとかまわりからいい評価をしてもらおうと、一生懸命になってしまう。

これが、多くの仮面をかぶってしまう現象の正体です。

あなたがまわりの目を気にしてばかりいて、演技を繰り返し、世間体や誰かの言いなりになってしまっているのだとしたら、まずあなた自身が自分との約束を守り、承認のコップを自己承認のオイルで満たしていくことが先なのです。

人の目ばかり気にして、まわりから承認のオイルを欲しがってしまう原因は、あなたの自己承認のオイル不足です。

「約束は力づけ」といいます。

あなたを力づけるのは、あなた自身との約束です。

大事な言葉なので覚えておいてください。

言いなりを卒業する方法 11

まずは何より、自分との約束を守る

余裕がなくても余裕があるように振る舞うと、自分の器が広がっていく

「器が大きい」と感じる人はいませんか？

人には「器」と呼ばれるものがあります。目には見えないけど確かにあるもの。

では、この「器が大きい人、器が小さい人」とはどんな人なのでしょうか？


以前、経営者仲間たちとグアムに行ったときのこと。

トローリング（スポーツフィッシング）をしようということになりました。

これが面白い。シイラという大きな魚を中心に、なかにはカジキマグロを釣った人もいました（ちなみにシイラは腐りやすいので市場には出回らないですが、食べるとブリのように脂が乗っていて非常に美味しいです）。

トローリングは、船に竿を挿した状態で、ずっと船を走らせ続けます。魚がヒットするまでずっと走り続けるのです。

海の状態にもよるのですが、これが結構揺れます。

とくにその日は、天気はよかったのですが、波のうねりが入ってきていてバタバタでした。

想像してみてください。バタバタの船に長時間いるとどうなるか？
当然、船酔いをする人が出てきます。
そんななか、一人の女性経営者が完全にグロッキーになりました。
みんな心配して「トローリングはいつでもできるし、陸に戻ろうか？」と提案します。
彼女がすごいのは、このときの返事でした。
船酔いを経験したことがある人はわかると思うのですが、本当につらいですよね。
にもかかわらず彼女は、

「ぜっこうちょう！」

と答えたのです。
いやいや……絶好調じゃないでしょう。普通はギブアップします。
でも普段から経営で鳴らしている方だから、少々のことでは弱音を吐きません。
これには、本当に器が大きい人だな、と感じました。

余裕があるときは、人は誰でもいい顔ができます。

問題は余裕がないときです。

余裕がないときにどんな自分でいられるのかで、その人の器がわかります。

器が大きい人は、いざというときにも冷静に、そして人のために動けるものです。

また、人の話の聞き方を見ていると、その人の器がわかります。

私の師匠は、いろいろな人の相談を聞いていますが、どんなにくだらない話でもしっかりと話を聞きます。私は性格を知っているので「たぶん興味ないだろうな」と横で見ているのですが、そんなこと素知らぬ感じで、しっかりと話を聞くのです。

器が小さい人は、大したことでないのにイライラしていたり、人の話もまともに聞けなかったり、すぐに泣いたりいじけたり……正直めんどくさいです。

人の器とは、先述した「承認のコップ」です。

承認のコップの大きさが、そのまま人としての器の大きさになります。

器の小さい人は、少しオイルが漏れるだけでイライラしたり、くよくよしたりします。

あなたが人としての器を大きくしていこうと思うなら、この承認のコップを大きくしていくことが必要です。

では、どうすれば承認のコップを大きくすることができるのでしょうか？

まず前項でお伝えしたように、約束を守り、自己承認のオイルで自分を満たすことが大前提ですが、それだけでは足りません。

たとえば、

「そうか、約束を守ることが大事なんだ！　じゃあ、できる約束しかしないようにしよう」

と、小さくまとまってしまっては、承認のコップは小さくなっていくばかりです。

逆に、

「できるかはわからないけど、できたら面白いぞ！」

と思えるような、いまの自分よりも高いレベルの約束をして挑戦すると、「いまの自分の器のままでは目標達成は難しい。もっと大きくしていかないと」と、自分の器の拡張につながるのです。

小さい器で過ごしていると、ちょっとオイル漏れを起こすだけで簡単に自分を見失ってしまいます。すると、オイル漏れを起こさないように、必要以上に行動が慎重になってしまい、さらに小さな器になっていく負のスパイラルへ――。

たとえばすぐにネットで情報を調べて、自分で体験してないのに鵜呑みにしてしまうのは、器の小さい人の特徴です。

それは自分の目利きに自信がなく、失敗をしてオイル漏れを起こすことを必要以上に恐れてしまう結果、やってしまっているわけです。

器を拡張することこそ、人の意見に振り回されず、あなたが自分らしく過ごすために必要不可欠なことなのです。

言いなりを卒業する方法
12

現在の自分より、少しだけレベルの高い約束をする

行きたくないからって
身内を殺すな！

大学生だった頃、ある教授が面白い話をしてくれました。

「私は教授になってから面白いことに気づきました。それは、レポート提出の前になると、やたらと生徒の身内が亡くなるということです。おばあさんが亡くなったから、おじいさんが亡くなったからと、レポートの提出期限を延ばしてもらえないかお願いしてくるんです。皆さんは、簡単に身内を殺してしまうような人にはならないでくださいね」

あなたはしたことありますか？　都合が悪くなって身内に亡くなってもらったり、重病になってもらうこと。

もちろん本当の場合もありますが、そんな簡単に身内が亡くなることはありません。

都合の悪いことから逃げるために何か言い訳が欲しい……一番角が立たずに逃げられる方法はないかと思案した結果、「よし！　身内に亡くなってもらおう」となるわけです。

このように、都合の悪いことから逃げてしまうことを「逃避」と言います。

逃避にはさまざまな方法があります。

たとえば、ふて寝。「俺なんてどうでもいい！　疲れた！　もういい！　寝る！」というやつです。どこかで、寝て逃げればなんとかなると思っているのでしょう。

ほかにも「笑ってごまかす」というのもそうです。笑っていればなんとかその場がしのげて、問題をやり過ごせると思っている人は意外にも多いものです。

まだまだあげたらキリがありません。人間はさまざまな方法で問題から逃げ、ごまかせないかと一生懸命になったりするのです。

とくにタチが悪いものに「詐病（さびょう）」といわれるものがあります。

たとえば仕事で大失敗をしてしまった。先方に謝りに行かなければならない。上司もカンカンで顔合わせしたくない。いっそ病気になって会社を休みたい。

そんなふうに思っていると、本当に急にお腹が痛くなったり熱が出たりする。

これを詐病といいます。

仮病は「自分が病気でないことを自覚して逃げるための言い訳」をしているだけなのですが、詐病は「本気で自分が病気だと思い込んでしまっている」症状。

本人は病気だと思っているので病院に行きますが、医学的所見なし。なので、医者からは「健康ですよ」と言われてしまう。

「都合よく『あなたは病気ですよ』という診断をしてくれる医者はいないか？」

どこかでそう思い、納得せずドクターショッピングが始まってしまったりします。ドクターショッピングとは、自分にとって都合のいい診断をしてくれる医者を探して、あちこちと病院をさまようことです。

あなたは、都合が悪くなると病気になって逃避などしていませんか？

仕事ができるビジネスパーソンほど、病気を言い訳に使いません。

なぜなら、本当に大事なことなら、たとえ病気でもやるはずだからです。

こうした逃避を続けていると、当然ですが自己承認のオイルが減っていきます。

「自分は肝心なときに逃げる人間だ」となるからです。

でも人はオイルを満たした状態にしたい。かといって、仮面をかぶってごまかすにも、逃げてしまった事実は変えられない。

そこで次の段階に入ります。

自分のオイルで満たせないなら、人からオイルをもらってしまおう！ です。

たとえば、あなたの友人が凹んでいたりします。

ため息をついて、何かに悩んでいる様子。

あなたならどんな行動をとりますか？

「元気出せよ」

「力になろうか？」

「お前ならもっとできるよ」

と、声をかけたりすると思います。

つまり凹んでいると、まわりが慰めたり励ましてくれて、自分にオイルを注いでくれるわけです。なんて簡単で素晴らしい方法でしょう。

ほかにも会議中に難しい顔をしていたら、まわりはどんな対応をしてくれますか？

「〇〇さん、どう思いますか？」と、気を使ってくれたりします。

こうやってまわりからオイルをもらって、その場をなんとかしようという行為を「見返

り」と言います。

では、ほかの人からの承認のオイルで自分を満たすことを覚えてしまうと、どうなっていくでしょう？

それは相手の顔色ばかり窺う生き方になってしまいます。

そうやって、世間体やまわりの人の言いなりの人生になっていくのです。

見返りで自分を満たすことから、卒業していきましょう。

言いなりを卒業する方法

13

見返りを求めない

餌を与えられると、自信を奪われる

さて、ここで言いなりの象「マラケシュ」の話に戻ります。

あらためて、なぜマラケシュは言いなりになってしまっているのでしょう。

十分な力があります。彼らほどの力があれば、杭を抜いて外の世界で生きることは、そう難しいことではないはずです。

言いなりになってしまう理由をひと言で言うなら「自信がないから」です。

マラケシュたちは長い間「保障」の世界を生きています。

餌はもらえるし、安全は確保されています。

そうやって保障に慣れてしまうと、どんどんと自信は失われていってしまうのです。

自力で結果をつくることを忘れていってしまうからです。


これは人間にも言えることです。

もらってばかりいたり、守られてばかりいると、どんどん自信を失います。

考えてみてください。

いつも親の言いなりで、保障された言われた範囲のことしかしていなくて、自信がつくと思いますか？

そんな生き方をしていてしては、いつまでたっても自立することはできません。親の顔色を窺う人生になってしまうのは簡単に想像できます。

また、会社のレールに乗って、会社にただ守られることばかり考えていたらどうなるでしょうか？　会社を辞めるのが怖く、意見のひとつも言えない、うだつの上がらないサラリーマン程度にしかなれません。

「保障」はあなたの自信を奪い、あなたの器を小さくしてしまうのです。

私も独立の道を選ぶまでは、会社の看板がないと不安、社会的保障がないと不安、立場や肩書きがないと不安、という人間でしたからよくわかります。保障があることの安心感は、なによりも捨てがたいことを。

そして残念ながら、会社の看板を外しても自力で結果をつくれるほどの自信と実力は、身につけられていませんでした。

恋愛関係で束縛をしてしまう人がいます。

彼氏や彼女のスマホをチェックしたり、ほかの異性と会うことを禁止するようなタイプです。

なぜそんなことをしてしまうのか?

これも自信のなさの表れです。自分以外の人と会うと捨てられてしまう、だから会わないようにさせよう、となってしまっているわけです。

根本的な問題解決は、自信をつけることなのです。

現代は「第四次産業革命」とも言われます。この大きな時代の変化の前に、言いなりの人生は卒業しなければなりません。

たとえばベーシックインカムが実現すると、もしかしたら生活の保障がある時代になるかもしれませんが、単純労働では生活を豊かにすることはできない時代になっていく可能性が十分あります。

また、AIの発展は2045年に臨界点を迎えると言われています。いわゆるシンギュラリティというものです。

すでに2017年時点で「AIがAIをつくることに成功している」現代です。

ここからさらに技術が発展すれば、すなわち知的労働さえも価値が下がっていく時代が到来するでしょう。

保障を求め小さくまとまってしまった結果、あなたの価値を下げ、人生をまったく楽しめない生き方になったとしたら、もったいないと思いませんか？

人生は一度しかありません。その一度しかない人生を、何かの言いなりではなく、自分だけの最高のものにするかどうかはあなた次第です。

ここからは、どうすれば言いなりの人生を卒業できるのか、自分の器を自分で満たし、自力で結果をつくっていけるのか、について話していきましょう。

言いなりを卒業する方法

14

怖くても、保障を捨てよう

Chapter

4

自分で主導権を握れ！

#「知る」ことが、人生を変えるきっかけになる

なぜあなたは、その仕事をしていますか？　いまの仕事のよし悪しという意味ではありません。この答えはいたってシンプルです。

「その仕事を知ったから」です。

当たり前ですが、知らなかったらいまの仕事はしていなかったはずです。

つまり「知る」という行為が、あなたの可能性を広げてくれることになります。

もしかしたら、いまやっていることや、やりたいと思っていることは、たまたま知っただけのことで、もっと多くのことを知れば、もっとやりたいことに出会うかもしれません。

知らないものに出会うということは、自分の可能性を広げ、人生を変えるきっかけを得られるということなのです。

あなたが好きな趣味もそうかもしれません。

私はスノーボードが好きで、シーズン初めから春先まで毎週末雪山に行く人でした。

起業を志した当初、早く豊かになって、いつでもスノーボードに行ける生活を手に入れたい！　と思ったものです。

そこから数年が経ち、実際にいつでも行けるようになってから山に行ったときのこと。

吹雪いてしまい視界は真っ白。最悪なコンディションの日でした。とはいえ好きなことですし、せっかく来た山ですから、気合を入れて滑ってみたら驚きました。まったく面白くないのです。一本滑ったらすぐにやめて、温泉に入っていました。

まわりからは、「せっかく来たのだから、もうちょっと滑ってみたらどうですか?」「もったいないですよ」と言われましたが、そこまでしてまで滑りたいと思わなかったのです。

当時の私は、「だって、どうせいつでも行けるじゃん」と思っていました。

このとき気づきました。私の場合、スノーボードが好きだったのではなく、「スノーボードしか、やることがなかったのだ」ということに。

たとえば子どものときに、「ケーキをワンホール買いたい!」と思ったことありませんか? ほかにも、どうしても欲しいおもちゃの前で駄々をこねたことありませんか?

せっかく大人になって、いつでも買えるようになったのですから、実際に大人買いしてみたらいいのです。でもほとんどの人はやりません。なぜか?

いつでも手に入るようになってみて、「本当に欲しいものではない」と気づいてしまったからです。

いまあなたが欲しいと思っているものは、本当にあなたが欲しいと思っているものでしょうか？　それしか手に入らないから、欲しいと思い込んでいるだけではないですか？

本当に欲しいものかどうかは、いつでも手に入るようにならないとわからないのです。

だから自分の欲しいと思っているものや、やりたいと思っていることに疑問をもってみてください。もしかしたら、もっと素晴らしいものがあるかもしれません。

そして、そのもっと素晴らしいものに出会うために、より多くのことを知る努力をしていきましょう。知るためには努力が必要です。受動的になんとなく入ってくる情報や、努力せずに手に入る情報では身につきません。

知るために大事なことは行動です。人に会う、現地に行く、読書をする。

最近では、インターネットでお手軽に情報が手に入りますが、その情報が正しいかは自分で判断する必要があります。自分の正解を横に置いて、知る努力をしてみましょう。

言いなりを卒業する方法

15

知るために、とにかく動こう

情報に踊らされるな！
自ら踊れ！

人生は選択です。

私たちは、毎日多くの選択に迫られて生きています。

なんと人は、1日9000回もの選択をして生きていると言われています。

もちろんそれは、大きなものばかりではなく、「朝起きよう」「時間通りに出勤しよう」「明るく過ごそう」といった簡単なものから、「結婚しよう」「売上目標を達成しよう」「新しい技術を身につけよう」という大きなことまで、多岐にわたります。

人は、選択をするときに大事にしているものがあります。

それは「情報」です。情報化社会といわれる現代において、情報は選択をおこなう上で欠かせないものになっています。

しかし、その情報過多が選択の精度を下げてしまっているかもしれません。

たとえば、食事に行くときに「食べログ」や「Ｒｅｔｔｙ」などで評価を調べてから行くということも少なくありません。

もちろん「食べログ」や「Ｒｅｔｔｙ」など口コミサイトの情報はありがたいものですが、本当にその情報を鵜呑みにしていいのでしょうか？

考えてみると「食べログ」に記載されている情報の多くは素人の情報です。素人ですから正しく評価されたものとは限りません。なかにはホウレン草と小松菜の違いもわからずに、レビューされているようなケースもあります。

本を購入するときにＡｍａｚｏｎのレビューを見るという人がいます。しかしＡｍａｚｏｎのレビューも素人情報であり、ましてや匿名です。誰が書いたかわからない情報に踊らされて購入することになるわけです。

「素人情報」がすべて悪いということではありません。でも一度立ち止まって考えてみてください。本当にその意見を参考にしていいのかと。

情報には二種類あります。

それは、「事実」と「意見」です。

「事実はひとつ、解釈は無数」という言葉があります。

同じものを見ても、同じように見えているとは限りません。

むしろ、まったく違うものをとらえていることのほうが多いです。

以前、沖縄の美ら海水族館に行ったときのこと。

たくさんの魚が泳ぐ美しい水槽の前で女子高生が、「あ！ あのお魚美味しそう！」と言っていました。タイやヒラメなど……うん、確かに美味しそう。おそらく修学旅行だったのでしょう。スケジュールに押されて色々まわっていたから、お腹が空いていたのだと思います。

でも、なかにはカップルがデートできていたりもします。

そうすると同じ魚を見て、「かわいい」「キレイ」「一緒に来られて幸せ」などと見ているわけです。

事実：そこに魚がいること
解釈：その魚をどう見るか

となるわけですが、あなたが信じている情報はどちらでしょう？

公衆便所などに入って、壁に落書きがあるとします。

「090-xxxx-xxxxに電話したら彼女ができる！」

さあ、電話しますか？（当たり前ですが落書きをしてはいけません）

当然しませんよね。「バカだな……」くらいにしか思わないはずです。

そこまでとは言いませんが、ネットの情報や口コミも同じような傾向があります。

「誰が言ってるかわからない素人情報」だからです。

誰が書いたかわからない素人情報に振り回されているうちは、本当のあなたの生き方なんて見つかりません。

大事なことは、それを参考程度にはしても、自分の目で確かめることです。

気になるレストランがあるとします。気になったのなら行くことを決めてください。食べログで調べるのも結構ですが、どんなに悪い評価が出てきても、気になるなら行くことをルールにする。

社内でも、あの人にアドバイスをもらおうと思ったら、まわりからの評価やウワサ話なんて無視してアドバイスをもらいに行く。

この仕事やってみたほうがいいんじゃないかと思ったら、なんでもまずやってみる。

「気になった」という直感を大事に行動してみてください。

「経験に裏付けられた直感は7割正しい」という統計データがあります。

大事なことは「経験に裏付けられた」という部分です。

考えれば考えるほど正答率は下がり、また時間ばかり膨張します。

無駄に時間が膨張するくらいなら、直感で行動して時間の無駄を省き、経験を積んだほうがずっと価値があります。

誰かの意見で選んだという経験ではなく、自分の判断で選んだという経験が、失敗であれ成功であれ、あなたの直感力を磨いてくれる貴重な経験になるのです。

誰かの解釈という情報ではなく、自分で事実を確認する勇気を持ちましょう。

言いなりを卒業する方法

16

自分の目で確かめに行こう!

感情は無視して、行動を「ルール」で決める

「経験に裏付けられた直感は7割正しいと言うけど、それじゃあ経験がないときは、どうしたらいいの？」

と、ある友人から聞かれました。

彼はとても優柔不断で、ランチを注文するのにも10分くらいかかります。そして、悩むだけ悩んだ挙句に、結局頼んだものを食べても満足できない。そんなことを繰り返しているというのです。

もしあなたにもそんな、「悩んでばかりで行動できない」「悩むだけ悩んでも、あまりうまくいっていない」という傾向があるなら、まずここから始めてください。

それは「ルールを決める」ということです。

食事なら、食べたいか食べたくないかは感覚なので、その都度変わってしまいます。

だから、「一番カロリーの低そうなもの」とか「野菜の一番多いもの」とか「値段が一番高いもの」などと決めてしまうのです。

そして決めたルールは絶対守る。これだけです。

私の場合も、仕事においてルールを決めています。

だから「迷う」という無駄な時間をかけずに、すぐに終わらせることができています。

ルール自体も、やってみてから経験に基づいて変化させていきましょう。

たとえば仕事を始めたばかりのときは、

「〇〇さんの言うことを100%信じよう」

と決めてしまうのです。

さまざまなアドバイスをくれる人がいるかもしれませんが、慣れないうちは必ず1人に絞るべきです。

経験を積んでいないのに、いろんな人のアドバイスを聞いても無駄だからです。

ちなみに私の1日のルールの一例です。

- **朝起きたら、緊急かつ重要な仕事が来ていないか確認する**
- **確認を終えたら、すぐにメールを処理する**
- **見たメールはすぐに返信する**
- **発生した仕事は、その場ですぐに処理をする**

・時間がかかる仕事は、メールを自分宛に再送して、時間をつくってから処理する
・ランニング中に考える仕事に取り組む
・人に会っているときには、ほかのことをしない
・1人のときの食事は、タンパク質メインにする

など。ほかにも挙げたらキリがないですが、このようにルールがあるので1日の過ごし方が簡単になります。

あなたの仕事なら、どんなルールが効果的でしょうか？

たとえばこんなルールを決めてみてはいかがですか？


「残業はせずに、必ず定時で帰る」

――残業を前提に仕事をすることがなくなるはずです。これを決めたら、朝から集中して仕事に取り組めませんか？

「タバコ休憩を禁止する」
――お金、時間、健康の無駄をなくすことができます。

「30分早く会社に行き、読書をする」
――満員電車から解放され、読書によってあなたのセルフイメージが上がるはず。

「健康を維持するためにジャンクフードをやめ、健康食品なども利用する」
――健康はあなたの人生の土台になります。いま食べているものが、将来の自分をつくります。

「休日は必ず外に出て活動する」
――自宅にいても何も変化はおきません。

「目標年収の5%を自己投資する」

――もっとも効果的な投資は自己投資です。「いまの年収の5％」ではなく、目標年収の5％は自己投資に使ってください。

これも言い出したらキリがないので、ひとまずここまでにしておきます。
一度決めたルールは必ず守ること。
ただし、ルールを変更してはいけないという意味ではありません。
経験に基づいて変更したほうがいいルールは、柔軟に変えてみてください。
でも、決して気分や感情でルールを変えることはしないでください。

言いなりを卒業する方法 17

ルールを決めて、守るだけ

動機は不純に、努力は健全に

私が学生のときは、まだインターネットの走りの頃で、いまのようなSNSなどは、ほとんどありませんでした。

当時の学生のステータスといえば車やパソコン。私もいい車が欲しい、少しでも性能のいいパソコンが欲しい……と、強い物欲があったものです。

しかし最近の若い方（あまりいい表現ではありませんがご容赦を）に聞くと、そういったものは出てこなくなっています。このような時代の流れにあって、「最近の若い人は欲がなくなってきている」などとよく論じられたりしていますが、本当でしょうか？

いや、この論議は完全に的外れです。

なぜなら、時代によって欲しいものは変化するからです。

たとえば戦後の日本のドラマや映画などを見ていると、もっとも欲しがられているものは食料です。それはそうです。食うに困っていて、さらに日本のお金に価値がないから。

私はよく海外に行きますが、よく「自国のお金も発行されているけれど、実際に使われているお金は米ドル」というような状況に出くわします。自国の貨幣に信用がないのです。

それと一緒で、自国の貨幣に信用がなく、いつ紙切れになるかわからないとなると、お金よりも、現物のほうが大事です。

だから戦争直後の日本では、お金よりも食料が大事にされました。

次に、豊かになってきて生活を便利にしたいと考えるようになります。すると、生活必需品の需要が高まります。冷蔵庫が欲しい、テレビが欲しい、車が欲しい……。

それでは現代で考えてみてください。

「食べ物が欲しい！」「テレビが欲しい！」「冷蔵庫が欲しい！」と一生懸命に願う時代でしょうか？ それらはあって当たり前の時代です。いまの日本で「食料が欲しい！」と、死に物狂いで一生懸命にがんばる人は、そう多くないはずです。

でも、いまの話は戦後から考えると、たった70年前の話です。私からすれば、祖父祖母の世代からの変化。つまり、3世代程度で世の中は大きく変わっているのです。

祖父祖母の世代は、食べ物が欲しかった。

父母の世代は、生活必需品やお金、車が欲しかった。

では、私たちの世代が欲しくなるものは何でしょう？

他者とのつながりや承認です。

ＳＮＳの評価に振り回されてはいけないという話もありますが、私はそう思いません。

多くの若い方がこぞってInstagramに〝インスタ映え〟する写真を投稿しています。いい写真を撮って「いいね」が欲しいのです。

これの本質は、食料が欲しかった時代と何も変わりません。

時代の変化が生んだ、欲しいものの変化です。

だから一般論の「最近の若い人のやりたいことは、よくわからない」という話に付き合う必要はまったくありません。わからなくて当然です。時代が違うのですから。

まわりからどう評価されようが関係ありません。あなたが欲しいものに正直になったらいいのです。

その欲求を、健全な努力で満たせばいいだけだからです。

人間の欲求は４つのＭに分かれます。

① money（お金……稼ぎたい、生活を豊かにしたい）

② medal（承認……認められたい）

③ mission（使命感……世の中の役に立ちたい）

④ message（影響力……後世に生きた証を残したい、多くの人に影響を残したい）

たとえばモテたいからがんばる（medal）でも問題ありません。そのために健全に努力できるのならOKです。

いまの時代はmedal（承認）の時代といえるでしょう。InstagramやTwitter、Facebookなどの「いいね」が欲しい。みんなに認められる自分になりたい……では、そのためにどれだけ努力しますか？

問題はここです。

最近では「リア充アピール代行サービス」なるものもあります。

本当はリアル（現実）の生活が充実していないのに、「充実しているように見せるために」友人代行をしてもらって、みんなで写真を撮ってSNSにアップするというのです。

こんなサービスが流行るなんて10年前はまったく想像できませんでしたが、そうやって努力もせず、お手軽に充実しているように見せようという表面的な考えに問題があるのです。

「いいね」が欲しい、リア充しているように見せたい。

だったら実際にリア充したらいいと思うのです。友達が少ないから無理？　恥をかいてもいいから、隣でご飯を食べている人に声をかけてみてはどうでしょうか。大丈夫。断られても二度と会いませんから。嘘で、表面的に充実しているように見せて生きているほうが、よっぽど恥ずかしくないですか？

綺麗な写真だって、実物を投稿できるように南の島へ旅行にでも行ったらいいのです。お金がないから無理？　それなら稼げばいいのです。そのために仕事に打ち込んだらいい。シンプルな話です。

本当に欲しいものに正直になって健全に努力すること。それが健全な欲求充足になり、人の目ばかり気にしている表面的な生き方から解放してくれるのです。

言いなりを卒業する方法 18

欲しいものに対して、素直な努力をしよう

死ぬ気でやれよ。死なないから

「死ぬ気でやれよ、死なないから」

杉村太郎さんの言葉です。

人間、一度や二度は死ぬ気でやってみた経験があると思います。

私が中学3年生だったときのこと。

実家が塾をしていたので、親からは進学校に行くように言われていました。とは言っても、そこまで成績がいいほうでもありません。なかには5段階で2がついている科目も。

そんな折、担任の先生との三者面談がありました。母が私の志望校を決めていましたから、私本人はどこの高校に行くか知りません。ただ、その志望校の一覧を見た先生が、

「全部落ちたら、どうするつもりですか？」

と言ってきました。

さすがにこれには頭にきました。落ちたらどうするの前に、どうやって合格していくのかを聞かれるならわかります。前提が落ちることになっているのです。

すると横にいた母が言いました。

「大丈夫です。全部落ちたら高校行かせずに大検させますから」

……ええ！　まじですか、母上？

横にいた私は、その回答にびっくりして何も言えません。

……さすがに、高校に行けないのはまずくないか？

そう思ったら、猛勉強が始まりました。

毎朝6時には起きて勉強を開始。休み時間も無駄にしません。学校が終わったあとは自宅に戻って即自習。夜中の3時くらいまで勉強を続ける日々に。

その甲斐あって、学区内で一番の進学校に合格することができました。通知表でオール5がつくような生徒が行く高校だったので、まわりからは奇跡のように言われました。

まさに死ぬ気でやってみたからこその結果なのですが、幸い私は死んでいません。

そうです。勉強を死ぬ気でやったところで、死ぬはずがないのです。

勉強に限らず、スポーツも、仕事も、死ぬ気でやっても死ぬことなんてそうそうないのです。だから、死ぬ気でやってみたらいい。

すると「死ぬ気で本気でやったぞ！」という気持ちが自信に変わります。

うまくいったか、いかないかよりも、「自分は死ぬ気で、ひとつのことに取り組むことができる人間なんだ！」という成功体験が大事なのです。

そして、死ぬ気でやってるときは、ほかの人の意見などまったく気にならなくなります。そもそも、人のことをとやかく言っている人は暇です。ほかにやることがなく暇だから、誹謗中傷するくらいしかできない。暇な人ごときに、あなたの人生を左右されていてはいけないのです。無視しましょう。「批判はそよ風」です。前進している証拠と思ってください。あなたが死ぬ気でチャレンジして、自分自身をよくしようということは、誰にも止められるものではありません。

では、どうしたら死ぬ気でチャレンジすることができるのでしょう？

それは「ポジティブな理由」と「ネガティブな理由」を両方持つことです。

私の体験で言えば、

ポジティブな理由（wants）

・学区一位の高校に行けば、みんなに認めてもらえる

・将来を考えて、いい高校に行きたい

ネガティブな理由（needs）

・高校に行けずに大検はイヤだ
・家業が塾なのに、恥をかかせるわけにはいかない

といった感じです。

そして、この振り幅が大きければ大きいほど人は必死にがんばれます。

wantsとneedsは知識と体験によって、より大きく強い理由になります。

がんばる理由が見つからないという人は、単に知識不足か行動不足です。不足した知識と体験のなかからでは、残念ながら、がんばる理由なんて見つかりません。

がんばる理由がないなら、ご縁があった目の前のことに全力を尽くすことです。

先日、100万部突破のベストセラー作家である永松茂久先生が主催されている「知覧さくらまつり」に参加させていただきました。

その際に永松先生がおっしゃっていたことですが、

「夢がないなら、目の前のことを真剣にがんばりなさい。
そして夢がある人の近くにいなさい。
それでも夢が見つからないなら、人の夢を全力で応援しなさい。
そうすれば、あなたの夢も見つかります」

本当にその通りだと思います。
一番なってはいけないのは「ドリームキラー」です。人の夢を批判すると、必ずあなたの夢も批判されます。人にしていることは自分に返ってくるのです。もしあなたに必死になれるものがまだないなら、いま必死にがんばっている人を応援してみましょう。

言いなりを卒業する方法
19
人のことを全力で応援してみる

Chapter

5

言いなりの人生を卒業する

「言いなり」と「素直さ」は違う

あるときのこと。私の「師匠の師匠」にお話を聞きに行きました。

そもそも「師匠」に「師匠」という存在がいると思っていなかったのでびっくり。すごい人はきっと、自力ですごい人になっていくものだと思っていたからです。

私からすれば「大師匠」と言えるわけですが、その方に「成功するために一番大事なことはなんですか？」と伺ったところ、**「師匠を1人決めることだ」**と言われました。

なんと、その大師匠にも師匠がいるというのです。


「いいかい？　何人もの人から学ぼうと思っちゃいけない。いいとこ取りしたい気持ちもわかるけど、残念ながらそんなにあまくないよ。その人から免許皆伝をもらうまでは、徹底的に1人に学ぶんだ。そして免許皆伝をもらってから、いろんな人から学ぶといい。

最初からいろんな人に学ぼうすると、教える側からしたら可愛くないだろう？　だから教えたくなくなる。そして、経験もないのにいろんな話を聞いても、どれが正解かなんて判断できない。岡崎君がこれから結果をつくっていきたいなら、最初は徹底的に1人に学びなさい」

さて、「師匠を決める」ということに対して、あなたはどう思いますか？

私の場合、26歳のときに人生の師匠といえる方に出会い考えが変わりましたが、それまでは師匠というような存在はいませんでした。武道や花道のように、何かを極めるような「道」がつく世界では師匠の存在は当たり前でも、私のように何かを極めようと思ったことがない人にとっては、師匠と言われてもピンとこないのが普通です。

だから私も、師匠と言われても「そんな堅苦しい考え方、なんかイヤだな」と思ったのが最初の印象です。

ではなぜ、いまでは「師匠を決めたほうがいい」と考え方が変わったのか。

それは目標を持ったからです。目標を持って、どうしてもそれを達成したい、手に入れたいと思うと、どうやっても自分のいままでの価値観や考え方、知識だけでは限界になります。先人の知恵が必要になるわけです。

まだやってもいないことを一生懸命考えても答えなんて出ません。明らかにやったことがある人に聞いたほうが早いです。

これはスポーツや勉強の世界とまったく変わりません。

「学ぶ」という言葉の語源は「真似る」だそうです。

自分よりも上位にいる人を徹底的に真似ることがスタートですから、真似る対象が必要になるわけです。

「守破離（しゅはり）」という言葉があります。日本における師弟関係のあり方のひとつです。

「守」……徹底的に真似る
「破」……改善を加える
「離」……新しいものをつくり出す

という順番で学んでいきます。

「守」から始まるわけですが、この時期は、あなたが選んだ師匠のアドバイスに素直になる必要があります。

「素直さ」と「言いなり」は違います。言われたことを何も考えずに、ただ「はい」とやるロボットになってしまうことを「言いなり」といいます。自分で考えて、目標達成のために自分とは違う考え方を受け入れること、それが「素直さ」です。

成功の秘訣は素直さと向上心です。成功する人は必ず成果を出すことに素直です。成果を出すことに素直だから、成果を出している人のアドバイスに素直になります。中途半端な人や目標のない人は、素直になれず頑固になってしまうわけです。

だからあなたも何かで成功していきたい、もしくは上達させたい、と思ったならその道で結果をつくっている人を師匠にし、そのアドバイスに素直になり、徹底的にその通りにやってみてください。

「師匠を1人に決める」と言いましたが、道ごとに別の師匠なら問題ありません。

もし、あなたがいくつか極めたい道があるなら、複数人師匠がいてもいいのです。

ただし、ほとんどの人は同時に複数個できるほど器用にできていません。

だから大概の場合はひとつのことに絞り、師匠も1人に絞ったほうがいいです。

「会社で出世すること」があなたの目標であるなら、徹底的に会社で出世している人に学びましょう。

「起業して成功すること」があなたの目標であるなら、徹底的に起業して成功している人に学びましょう。

学んでください。

「華道や茶道、武道など」で成功していきたいのなら、その道で結果をつくっている人に学んでください。

そうしてアドバイスをもらう人を1人に絞ると、世の中の情報に振り回されることがなくなります。世間体や世の中の情報に振り回されてしまう原因のひとつは、誰からの情報に従うかを決めていないから起こるのです。

人生は誰の意見を聞くかで決まります。

そして誰の意見を聞くかは、あなたの選択です。

あなたの目標に効果的な師匠からのアドバイスに、徹底的に素直になってください。

言いなりを卒業する方法 20

すでにうまくいっている人に聞けばいい

いい師匠と出会うには、どんな対価が必要なのか？

では、どうやって師匠を見つけたらいいのでしょう？

これも私の師匠とご一緒させていただいたときのこと。

ある20代前半の男性が、私の師匠にこう聞いてきました。

「どうやったらすごい人に会えるんでしょうか？」

おい！　と突っ込みたくなりますね。目の前にすごい人がいて、その人に聞くな！　と思うのですが、案外そういう人は多いです。「自分にとって都合のいい師匠はいないか？」と師匠探しをするのです。

先に答えをお伝えしますが、あなたにとって都合のいい師匠なんていません。

むしろ、あなたにとって必要なアドバイスはほとんどの場合、あなたにとって都合が悪いものです。

ダイエットで考えたらわかりやすいでしょう。

「食べたいもの」と、理想の体を手に入れるために「食べるべきもの」は違います。食べたいものばかり食べているから、すぐ不健康になったり太ったりするのです。

あなたにとってプラスになるアドバイスも一緒です。

ほとんどの場合、あなたにとって都合が悪いことばかりです。

できていないこと、苦手なこと、やりたくないこと、そういうことのなかに、あなたを向上させる糧があります。

では本題。どうやって師匠を見つけたらいいのか？

あなたの目標に対して、あなたよりちょっとでもいい結果をつくっていたら、まずその人を師匠に決めてください。

「師匠」というと一生モノと堅苦しく考えてしまうかもしれませんが、私はそうは思いません。もしその師匠を追い越すことがあれば、新しい師匠を探したらいいのです。

もっと言えば、あなたの基準が上がっていれば、必ずそれに見合った人に出会います。

出会いとは、自分のステージに合った人とのみ発生します。

マンションの一階から見えるものと、10階から見えるものが違うように、あなたのステージが上がると見えるものも出会えるものも変わるのです。

だから、そのとき出会えている人のなかからベストの人に学んでいったらいいのです。

世の中で光り輝くようなすごい人でなくてもＯＫです。

少なくともあなたよりも結果をつくっていて、学べるものがあるなら、まずはそれを全部吸収してください。その人にほかの人よりも大きい結果があるなら、何かほかの人と違うことをしているはずです。

ほかにも、いくらでもすごい人と出会うことができる時代です。

最近流行りのオンラインサロンなどを活用してみてもいいでしょう。

私も伝説の編集者と呼ばれる櫻井秀勲先生のオンラインサロンに入会していますが、出版界の重鎮と、月額たったの5000円で繋がれるなんて安いと思いませんか？

出会いはタダだと思っているのだとしたら、それは大きな間違いです。すごい人と出会おうと思ったら、それに見合った対価を支払う必要があるのです。

私が出版するきっかけとなった永松茂久先生と出会った翌週、私はすぐに福岡に飛んで、永松先生が経営されているお店「陽なた家」に行きました。

私が「全国・講師オーディション」に出場した際、いろいろとアドバイスいただきましたから、私にとっては当然のことです。店舗経営者にとって、自分のお店を使ってもらえることほど嬉しいことはありません。

なにも、その対価とはお金に限った話ではありません。

たとえば私の場合、すごい人に出会ったら必ずＳＮＳやブログでそのことの記事を書きます。その方が本を出していたら、必ず書評を書きます（ただし、記事をあげていいかの確認は必ず本人にしてください）。

私も自分の本の書評などを発見すると、お礼のメッセージを送ったりします。

人間というのは現金な生き物で、メリットがあれば付き合うし、メリットがなければ付き合いません。

あなたが奇跡的な美男美女ならいざ知らず、私のように普通の顔をしてたら、何もしないで人に可愛がってもらえるなんて思うほうが間違いです。

もし「この人とつながっていたい！」と思う人に出会ったら、徹底的に喜ばれることを自分からするのです。

そうしたら相手も人間です。当然あなたに一目置くようになります。

逆の立場で考えてみてください。

あなたならどんな人を応援したいと思いますか？

あなたの喜ぶことを一生懸命に考えて行動してくれる人がいたら、その人のことを応援したいと思いませんか？

もしあなたがそう思うなら、あなたがお世話になりたいと思う人もきっとそう思っているはずです。師匠から見て、応援したくなる存在になりましょう。

言いなりを卒業する方法
21

可愛がられる人になれ！

運が悪い人はいない。運のせいにする人がいるだけ

「成功の90％は運だ」

もしこう言われたら、どう思いますか？

これは松下幸之助さんの言葉です。

確かに現実の生活を見ていても、運がいい人と悪い人がいます。

では「運」の正体とは何なのでしょう？

私が尊敬する女性経営者の方がいます。とても運のいい人です。

その方とは月に何度かお会いするのですが、会うたびに、「芸能人の○○さんと会ったよ！」と嬉しそうにお話しされています。

あるときのこと。たまたま同じ新幹線に居合わせたことがありました。新幹線を降り、方向が一緒だったのでタクシーでご一緒すると、また芸能人がいたと喜んでるんです。私はまったく気付きませんでした。

「なんでそんなに芸能人を見つけたり、会ったりできるんですか？」

と聞いたところ、

「だって私、飛行機とか新幹線乗ったら、芸能人探してるもん」

なるほど。だから見つかるわけだ……と納得したのですが、じつはこれが「運」の正体なのです。

人は同じものを見ても、同じように見えていません。

「カラーバス効果」と呼ばれるものがあります。これは「自分が意識していることに関係する情報が、自分のところに舞い込んでくる」という心理学です。

朝のニュースを見ていたら占いが流れたとします。

「あなたのラッキーカラーは赤！」

と言われると、なんとなくその1日は赤いものが気になってきます。

私の場合、マラソンの高橋尚子さんの名前を聞くと必ず反応してしまいます。

なぜなら、私の初恋の相手の名前が同音異字で「たかはしなおこ」さんだったからです（男はいつまで、叶わぬ恋に憧れるんでしょうか……）。

話を戻すと、あなたの目に飛び込んでくる情報は、あなたが一番気にしている情報です。

だから新幹線に乗ってビールの販売を探す私と、芸能人を探す女性経営者では、目につくものが変わってくる。たとえそれが同じ景色だったとしても、です。

だから「運」の正体は、自分が何を気にしているかの集大成なのです。

松下幸之助さんは採用の最終面接のときに、「あなたは運がいいですか？」と聞いたそうです。そして答えが「ＹＥＳ」だった人だけを採用しました。

なぜなら、運がいいと答える人は、物事をプラスに捉え、感謝を忘れない人だからです。

仮に恋愛で考えましょう。

あなたが世界一大好きだと思っていた彼と、別れることになりました。

そのときの気持ちを想像してみてください。

「最悪……なんでもっと彼を大事にしなかったんだろう。私って最低……」

などと思うかもしれません。

さて、そんな苦い思い出から立ち直ると、なんとラッキーなことに、以前の彼よりもさらにずっと素敵な人と付き合うことができました。

すると今度はどんな気持ちになりますか？

「ヤッター！　ほんと私はついている！　前の彼と別れて正解♪」

となるわけです。

前の彼と別れたという事実も、結果をプラスに変えたら「よかった出来事のひとつ」に変化します。「事実はひとつ、解釈は無数」とすでにお伝えしましたが、うまくいく人はうまくいく解釈をしています。仮にそれが失敗だったとしても、次に活かすための糧として捉えています。

彼に振られた女性がいつまでも「私ってついてない。最低……」と言っていたら、誰も近づいてきませんし、素敵な彼氏なんて、いつまでたってもできません。

有名な話ですが、エジソンが電球を完成させたとき（正確にはエジソンは電球の発明はしていません）、彼のもとに来た記者がこう聞いたそうです。

「この電球を完成させるために、あなたは1000回もの失敗を重ねたと聞いています。そのことについて、あなたはどう思いますか？」

すると、エジソンは、

「私は失敗などしていない。1000の〝うまくいかない方法〟を発見しただけだ」

と答えたというのです。

私は運が悪い男だ。何回やっても成功なんてしない。早々にあきらめたほうがいい……

と、思っていたら、エジソンが電球を完成させることはできなかったでしょう。
想像ですが「きっと自分なら電球を完成できるはずだ」と信じて行動していたはずです。
問題は、世の中には「自分は運が悪い」「自分にはどうせできない」と思っている人が多いということです。

ある統計によると、新しいことをやろうと思って、実際に挑戦する回数を平均するとなんと、たったの0・8回だそうです。

つまりほとんどの人は、1回だって挑戦せずに終わってしまう。だから安全で、わかりきったルートしか進めなくなってしまうのです。運が悪い人がいるのではなく、運のせいにして何もしていない人が多いだけなのです。

あなたは、運がいい人ですか？

言いなりを卒業する方法

22

解釈をプラスに変える

最強の力
「集客力」を身につける

言いなりを卒業するために身につけるべき、最強の力があります。

この力を身につけたら、社内で出世することも、起業して成功することも、素晴らしい結婚相手を見つけることも簡単にできます。

さて、どんな力を身につければ、言いなりを卒業できると思いますか？

私は飲食店経営をしています。

残念なことに、多くの飲食店は5年もしたら9割つぶれます。それは飲食店に限らず、どの業界でも起こっているそうです。あなたもありませんか？　自分の大好きだったお店がつぶれたことが。食事も美味しかったし、サービスもよかった。なんであの店がつぶれてしまうんだろう……。そんな場面に出会うことは、めずらしいことではないはずです。

私の友人でも、カフェやバーの経営に憧れて、一念発起して出店する方はたくさんいますが、残念ながら長く続いているお店は多くありません。

いったいその原因は何なのでしょう？

答えをお伝えすると、それは「集客力がなかったから」です。

商品やサービスはもちろん大事です。素晴らしい内装を施すのもいいでしょう。

しかし、人が集まらないことには商売にならないのです。

なにせ、いまの時代は美味いものも、素晴らしいサービスや内装も、そうめずらしいものではなく、それだけでは大きな違いを生みません。

「集客する力があるかないか」で、まったく売上が変わってくるのです。

これは何も飲食店だけの話ではありません。

たとえばYouTuberと呼ばれる人も、視聴者を集める必要があります。

あなたのいる会社も、顧客を集めなければ仕事になりません。

モノやサービスで差をつけるのが難しい時代だからこそ、人を集める力、つまり集客力が仕事の命運を左右しているのです。

そして、これはあなた個人にも言えることです。

あなたが人の集まる人になれば、可能性が広がるはずです。

たとえば、社内のプロジェクトなども誰とつながっていて、誰に協力してもらえるかで仕事の出来・不出来が変わるでしょう。あなたがもし社内の誰からも人気があって、みんなに応援されたとしたら、どれだけの仕事ができますか？

大事なことは、「人を集める」ではなく、「人が集まる」あなたであるということです。

「集める」は〝お願い〟です。一度は聞いてくれるかもしれませんが、継続はしません。お店を開くと、開店3ヵ月くらいは友人などにお願いすれば人を集められるものです。でもそれ以降は〝お願い〟で集まった人たちは離れていき、うまくいきません。集まった人自身がメリットを感じ、自発的に集まるようにしなければならないのです。

社内だけでなく、どこに行っても人が集まるあなたになったら、どれほど人生が豊かになるでしょう？　仕事は必ずはかどるはずですし、プライベートだって充実します。

仮に起業したとしても、そこにお客様が集まることは約束されたようなものでしょう。だから人を集める力を持ち、人が集まる魅力あるあなたなら、会社や世間体の言いなりにならずに済むわけです。ではどうすればその力が身につくのか？

それには3つの方法があります。

（1）誰も持っていない特別な能力を身につける

「自分以外は書くことができないプログラムがある」

「ほかのデザイナーではできないようなインテリアをプロデュースすることができる」など、ほかの人にはない特別な力を持つことで、人が集まる自分になる方法です。

ただし、この方法は限られた人にしかできません。

(2) 親の七光りや相続などを活用する

「繁栄は友をつくり、逆境は友を試す」という言葉がありますが、うまくいっているときには人が集まるものです。それが仮に親から引き継げたものだったとしても、まわりからは関係ありません。一般論ではこれをよしとしない傾向があるように感じますが、私はそうは思いません。生まれも立派な才能のひとつ。大いに活用することをお勧めします。

(3) 誰にでもできることを、誰にもできないくらい誠実に取り組む

私の師匠の言葉を紹介します。

「どんなに能力があるか知らないけど、能力だけの人間に仕事は頼まない。そもそも能力は替えがきく。じゃあ、どんな人に仕事を頼むかといったら、会った後にきちんとお礼を

伝えてくる人だよ。そうやって、人の縁を大事にする人とだけ仕事をするね」

誰にでもできること。たとえば、挨拶をする、お礼を言う、年上を敬う、気を遣う、言い訳をしない、時間を守る……この誰にでもできることを守っている人のほうが少なかったりします。私のところにも「相談があるので時間ください！」と、来るときまでは元気がよくても、聞きたいことを聞いたら音信不通、お礼の一言もない人がいます。

人が集まる自分になりたかったら、難しいことでもなんでもなくて、「したほうがいいとわかっていることを、きちんとしたらいいだけ」です。

以上の3つのなかで、とくに（3）に関しては誰にでもすぐにできます。

これが習慣化した頃には、あなたのまわりには人が集まるようになっているはずです。

言いなりを卒業する方法

23

「人が集まる自分」になる

ルールを破ると、可能性が広がる

私の会社員時代のおもな仕事は、プロジェクトマネジメントでした。

プロジェクトを成功裏に進めるために立案、計画、工程管理、実働管理をしていました。

ところで、プロジェクト成功のために大事なことは何でしょう?

もちろんさまざまな答えがあると思いますが、私が真っ先にあげるのは「ボトルネックをつぶせていること」です。

ちなみに「ボトルネック」とは、全体を遅延させるようなもっとも重要な課題、と思っていただければ問題ないです。

たとえばハイキングに行ったときに、全体の進行速度を決めるのは平均速度ではありません。一番足が遅い人のスピードが、全体のスピードを決めます。

だから全体の進行を早めたいなら、平均速度を上げることを考えるのではなく、「一番足が遅い人が、どうしたら少しでも早く歩けるか?」を考える必要があるわけです。

このあたりの話はすこし難しいかもしれませんが、くわしく勉強したい方は『ザ・ゴール』(ダイヤモンド社)を読むことをお勧めします。

さて、それはともかく本題に戻ります。

自分の人生をよくしようと思ったときにも、じつはボトルネックが存在します。

これを解決しないと、どうやっても前に進まない問題です。

たとえば身内との関係があるかもしれません。親がどうしても実家を出ることを許してくれない。一人っ子なので、結婚は長男としてはいけない。親へ仕送りしないといけないので新しいことにチャレンジできない……など。

ほかにも、会社のルールがボトルネックということもあるでしょう。

- **恋愛したいが、残業が当たり前で時間がない**
- **役職があるので、新しいチャレンジができない**
- **新入社員だから、決められたこと以外できない**
- **起業したいが、会社が副業を禁止しているのでできない**

など。ほかにも探せばたくさんあります。

では質問です。

「本当に、そのルールは守らなければならないことですか？」

親がどう思おうが、大事なのはあなたの人生です。気にする必要はありません。

そもそもあなたの親が生きた時代は、すでにいまの時代のルールと合っていないかもしれません。大事なのはあなたがどうしたいかです。そもそも親子関係で簡単に縁が切れるほど希薄なら、切ってしまったほうが楽です。

会社のルールだってそうです。

それは本当に、あなたの人生をよくするルールですか？
単なる会社の都合ではないですか？

たとえば「残業をせずに帰るのは気まずい」という会社があるかもしれません。暗黙のルールというやつです。

いやいや、無視して帰ったらいいでしょう。

そんなことで降格やクビになる会社なら、気にせず辞めてやりましょう。

「副業禁止」を声高に言っている旧体制の会社もあるようですが、すでに時代に合っていません。多くの会社が副業を推奨しはじめています。

もっと言えば、本来副業を禁止することは法律違反にあたり、ルール自体が無効です。もちろん就業時間中は就業規則に則（のっと）る必要がありますが、就業時間外まで会社はとやかく言えないのです。もし就業時間外まで立ち入ってくるなら、立派な法律違反で、会社のほうに問題があります。

じつはどうでもいいルールにがんじがらめになっていませんか？

そのルールは本当にあなたを幸せにするものですか？

もし破ったとして、本当にあなたに不利益がありますか？

あなたの人生のボトルネックになっているものは、あなた以外がつくった勝手なルールかもしれません。どうでもいいルールを破ってみると、人生は思いのほか可能性に満ちていることに気づけるものです。

マラケシュたち言いなりの象は、「鎖を引きちぎってはならない」というルールの上に生きていました。だから不自由なのです。

あなたを縛っている鎖はなんですか？

人生は一度しかありません。

その鎖を引きちぎってみたら、どれだけの可能性があるか想像してみてください。

どうでもいいルールを破ってみると、可能性は大きく開けるはずです。あなたを幸せにするためのルール以外は、破ってみてください。

人生が大きく変わりはじめます。

言いなりを卒業する方法

24

鎖を引きちぎり、自由になれ

言いなりを
やめた象は、
どうなったのか？

あれから数年。マラケシュたちの現在。

「僕が最初に始めたのは鎖を引きちぎるところからだった。そりゃあ怖かったよ。子どものときから禁止されていたことだからね。いまになって思えば、どうってことないことだった。僕らをつなぎ止めていたのは、ほんの小さなどうでもいいルールにすぎなかった」

森で生きることを決めたときに、人間たちは誰も追ってこなかった。
あとから聞いた話だが、ちょうど僕たちの数を減らしたかったらしい。
父さんと母さんは僕の計画を聞いたとき、怒り、泣き、心配してくれた。

それでも最終的には、

「森はお前が思うほど楽なところではない。いつだって帰ってきたらいい。無理するなよ。身体だけは大事にしろよ」

と、僕を送り出してくれた。

「森に出たことに、後悔はなかったんですか？」

子どもたちが聞いてくる。

彼らの足には鎖なんてついていない。

鎖につながれた世界を知らないのだ。

「そうだね。人間たちに飼われていたときはラクだった。ラクは僕らをダメにする。師匠に『君はまだ象じゃない』と言われたんだけど、いまならわかるよ。ただ食事がとれて、生きてさえいればいい、というものではない。自分の足で立って、自力で生きてこそ、誇り高き象だといえるんだ。まあ、もし後悔があるなら、あそこで食べるとうもろこしが美味しかったことくらいかな」

子どもたちから笑いが起きた。

当時はご馳走だった、とうもろこしやさとうきび、うまいものは全部ここある。

僕が村を出たあと、村にいた仲間たちは村を追い出されたり、観光客用の仕事をさせられることになったらしい。

あのまま村にいたら僕はどうなっていたのだろう。

ここにはたくさんの仲間がいる。

お互いに支え合い、でもそれぞれがしっかりと自分の足で立ち、みんなが自分たちの人生を楽しんでいる。

これが本当の象の姿なんだ。

そう思っているとフェズが現れた。

「おうマラケシュ、元気か？　こっちも大変なんだ。手伝ってくれよ。子どもたちの先生役もいいが、こっちも人手が足りてないんだ」

フェズも大変そうだが充実している。

彼は野放しにされた仲間を探し、一緒に暮らす手伝いをしている。

人間に飼われることに慣れてしまっている象にとって、森は厳しい世界らしい。

「フェズ、ほんとに君のおかげで僕らは助かったよ。君がいなければ僕らは路頭に迷っていたかもしれない」

「本当にその通りだ。私たちがいま生活できていること、そして象としてのプライドを取り戻せたのは、君の勇気ある行動があったからにほかならない。心から礼を言わせてほしい」

隣にいた父さんも、フェズにお礼を言った。

じつは父さんは、僕が出ていくと本気で悩んだそうだ。

本当にこのままでいいのか？　と。

そして僕らが村を出て1ヵ月ほどしたときに、母さんと追いかけて来てくれた。

「そんな、僕は何もしていません。一歩踏み出すと決めたのは、お父さんやお母さん、そしてマラケシュ自身です。師匠からいつも言われています。

『自分の人生を決める力は、全員がすでに持っているのだ』と。

僕らは誇り高き象です。自分の生き方は自分で決められる。言いなりなんかじゃない、本当の自由を手に入れたんです」

Epilogue

この本を閉じた瞬間からが、自由な人生のスタートだ

人生を振り返ってみると、誰にでも「人生を変えた」と言えるようなビッグイベントがあると思います。さまざまな出来事があるなかで、とくに大きかった出来事が私にもあります。

ひとつめは、18歳のときに胃潰瘍で入院したこと。

当時、麻雀にはまり、プロ雀士の方のお店で働いていました。その対局の最中に胃潰瘍が広がり大動脈にまで至り、吐血して病院に送られました。本当に迷惑をおかけしたと反省ばかりなのですが、そのおかげで真面目に勉強をしましたし、生きるということについて考えさせられました。

ちなみに大動脈に穴があいて出血するほどだと、痛みはまったくありません。酔っ払ったような感覚だったのを、いまでも不思議と覚えています。

もうひとつは、26歳のときに師匠と出会ったこと。

それまでレールに乗って生きることが当たり前、世間体ばかり気にして生きていた自分の視野を広げてくださいました。師匠との出会いがなければ、決していまの自分はあり得ないと断言できます。

最後が、本文でお伝えさせていただいた研修との出会いです。

ASKアカデミー・ジャパンの松田友一社長とお会いし、そのトレーニングに触れなければ、起業後に事業を軌道に乗せることはできませんでした。

今回「言いなり卒業」というテーマでの執筆を、永松茂久先生と小寺裕樹編集長との打ち合わせの際に決めたとき、「この研修で学んだことをぜひ紹介したい!」と思ったわけですが、松田社長から快くOKをいただけたことに、心から感謝申し上げます。

研修で学ぶことからは本当にごく一部ではありますが、その一端をお伝えできたのではないかと思っています。


そして、最後まで読んでくださったあなたへ。

本当にありがとうございます。

本文でもお伝えした通り、何かの言いなりとなって過ごす時期があること、それ自体が悪いことではありません。言われた通りに、そのままやらなければならない時期だってあります。それが物事をうまく進める特効薬である場合も世の中にあるのは確かです。


しかし、一生なにかの言いなりでいいというわけではありません。

あらためて、なぜこの本を手に取ったのか?

それは言いなり卒業のきっかけを探していたからのはずです。


あなたの人生はあなたのものです。

この本を読んだことをきっかけに、言いなり卒業の一歩を踏み出してみてください。
できることからで構いません。
この本を閉じた瞬間に、何か行動を起こしてください。
その一歩は振り返ってみると、大きな一歩になります。

さあ、「言いなり」を卒業し、自由な人生を生きましょう。

ここからがスタートです。

岡崎かつひろ

【主な参考文献】

『ザ・ゴール』エリヤフ・ゴールドラット 著／三本木亮 翻訳（ダイヤモンド社）
『道をひらく』松下幸之助 著（ＰＨＰ研究所）
『アツイコトバ』杉村太郎 著（ダイヤモンド社）
『心の壁の壊し方』永松茂久 著（きずな出版）
『ＷＨＹから始めよ！』サイモン・シネック 著／栗木さつき 翻訳（日本経済新聞出版社）
『「原因」と「結果」の法則』ジェームズ・アレン 著／坂本貢一 訳（サンマーク出版）
『生き方』稲盛和夫 著（サンマーク出版）
『僕は君たちに武器を配りたい』瀧本哲史 著（講談社）
『ワーク・シフト』リンダ・グラットン 著／池村 千秋 翻訳（プレジデント社）
『〝気づく〟ことが人生の成功を〝築く〟』松田友一 著（ギャップ・ジャパン）
『ビジョントリガー』松田友一 著（すばる舎）
（研修）「ＡＳＫアカデミー・ジャパン ＡＳＫベーシックコース」

著者プロフィール

岡崎かつひろ（おかざき・かつひろ）

株式会社DW代表取締役、他2社を有する経営者。ビジネストレーニング事業、業務コンサルティング、小売店支援、飲食店経営、飲食店コンサルティング、旅行事業、会議室事業など多岐に展開する。埼玉県坂戸市生まれ。ソフトバンクBB株式会社入社後、4年で独立。飲食店事業において、スタンディングバー「SHINBASHI」は連日大行列となり、各種メディアに取り上げられる。有限会社志縁塾が主催する日本最大級の講師イベント「全国・講師オーディション2015」の決勝にも残り、口コミから始めた講演会は、いまでは毎回400名以上も集まる。累積動員人数では10万人を超える。

「すべての人の最大限の可能性に貢献すること」を企業理念に精力的に活動する。

業種を問わず、どこにいっても通用する一流のビジネスパーソンの育成をテーマに、パーソナルモチベーターとしても活躍。多くの若者のメンターでもある注目の起業家である。

著書に『自分を安売りするのは〝いますぐ〟やめなさい。』（きずな出版）がある

言いなりの人生は“いますぐ”やめなさい。

2018年9月1日　第1刷発行

著　者　　岡崎かつひろ

発行人　　櫻井秀勲
発行所　　きずな出版
東京都新宿区白銀町1-13　〒162-0816
電話03-3260-0391　振替00160-2-633551
http://www.kizuna-pub.jp/

印刷・製本　　モリモト印刷

ISBN978-4-86663-046-5

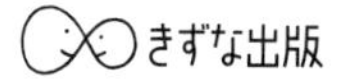